Polish Your Poise with

MADAME CHIC

向巴黎夫人學風姿

Madame Chic的11堂
優雅生活課

珍妮佛・斯科特
Jennifer L. Scott──著

喬喻──譯

目錄

Contents

PART 3

儀態練習 PRACTICING POISE

獻給

班（Ben）

PART

1

儀態的力量

THE POWER OF POISE

Lesson
1
時尚夫人深諳儀態的力量

MADAME CHIC KNEW THE POWER OF POISE

「時尚夫人」是我去巴黎求學時的寄宿家庭女主人，我每一天看到她，她總是儀容整齊，舉止一派優雅。即使穿著晨袍在廚房做早餐，也絲毫不減她鎮定從容的風采。不管外出或在家，她都會穿上漂亮的衣服，化上適合她年齡的妝容，打扮得乾乾淨淨。她的姿態似乎天生就那麼雍容華貴，言談間顯露出高尚的教養和智慧。她愛好料理，廚藝已臻大師之境，而且從餐桌布置到料理擺盤無一不講究，我們每天的晚餐在她的操持之下，儼然是一場又一場色香味俱全的盛宴。她待人接物的態度令人如沐春風，禮儀一絲不苟，她的家人們也是一樣禮貌周全，由此可見這絕非表面功夫。「時尚夫人」完美體現了儀態優雅的女性魅力。

去巴黎寄宿之前，我從來沒想過「儀態」這種事。當時的我只是個二十歲出頭的加州女孩，喜歡穿破破的短褲和夾腳拖鞋，成天零食吃個不停。對我而言，「自律」是個遙遠又無聊的字眼，正式傳統的東西沉悶到令人窒息，繁文縟節更是記都記不住。但在巴黎住過一段時間後，我的想法被徹底顛覆了。「時尚夫人」幫我找到了另一個自己。看著「時尚夫人」和她的家人用心而充實的生活方式，我漸漸接受「優雅應該深入每一天的生活」這個觀念。我開始相信，像我這樣隨興的加州女孩也能過得優雅，從言談舉止之中，展露出自己特有的美麗。像我這樣的平凡人，也能擁有「儀態」的魅力。

儀態的五大特質

1 自信：活得自在，坦然接受自己。
2 自若：用正面的角度看待事情，並且淡然以對。
3 同情心：懂得為別人著想，大方對待他人。
4 外表：穿著合宜有型，姿態優雅。
5 活在當下：用心投入生活的每一刻，才能時時不忘保持儀態。

所謂的儀態，是指舉手投足間的優美從容。「時尚夫人」優雅的生活方式，確實要歸功於她從容不迫的舉止，但是要達到她那樣的儀態，還得將這樣的舉止落實到日常生活的每一個選擇。

其實，世界上不只有一位「時尚夫人」，你一定也看過如她那般優雅的女人。她們自信有型，且沉穩有度，擁有出眾的「儀態」。她們的態度不卑不亢，措辭高雅，用心經營每一天的生活。她們心智成熟，愛好藝術，渾身散發出神祕的氣韻。她們有舒適的居家，不盲目購物。她們彷彿身懷祕訣，永遠懂得什麼時候該做什麼事，也懂得該怎麼做。

享受時尚優雅的人生，並沒有什麼門檻。你的過去、成長背景、昨天（甚或上一個小時）的行為、存款、家人的生活方式，這些統統都不是問題。即使你的朋友圈不關心或你的家人不理解，你也不必在意。真正重要的是，請相信人人都有改變的能力，我們可以蛻變成更好的人。「時尚夫人」並非天生如此，她的優雅風度和體面品味也是後天學習而來的。這些特質都是能夠培養的，不論你的身分或處境再怎麼絕望，都可以透過儀態來提升自己的人生。

「儀態」在娛樂業中一向是令人著迷的主題。蕭伯納（George Bernard Shaw）的喜劇作品《賣花女》（Pygmalion），或其改編而成的音樂劇《窈窕淑女》（My Fair Lady）是最經典的例子。另外還有電影《金粉世界》（Gigi）、《麻雀變鳳凰》（Pretty Woman）、《麻雀變公主》（The Princess Diaries）和《龍鳳配》（Sabrina），都是膾炙人口的華麗變身故事。我們之所以那麼喜歡看到毛毛蟲蛻變成蝴蝶，是因為我們內心深處相信，自己也能變成更好的人，這帶給我們希望。這些故事不像是遙不可及的夢想，而是求而可得的啟發：「如果她做得到，我也可以。」

改變自己的最大動力，來自於心態的轉換。當你轉念決定重視自己的外表，你就擁有了改變的力量。下定決心克服害羞；偶而狠心關掉手機；瞥見自己在商店櫥窗上的倒影，決定改掉駝背的毛病；與別人意見不合時保持冷靜；想要在下次做公司簡報時展現出自信；打算戒掉不雅的言詞……這些念頭都可能讓你的身上發生美妙的事情。

但在轉變的過程中，你的腦海可能會不時浮現自我懷疑的聲音：「你以為自己是誰」、「你是假貨」、「你是騙子」、「別人會覺得你做作」、「朋友會討厭你」、「大家會覺得你裝模作樣」、「大家都會嫌棄你」……

別讓這些聲音阻擋你，莫忘記你想成為自己版本的「時尚夫人」的初衷，以自己獨有的優雅氣質、時尚品味和出眾儀態，成為別人眼中特別的女人——「儀態」的魅力絕對超乎你想像的強大。

「儀態」是無聲無形潛藏於表面下的神祕氣韻，雖然難以言喻，但能夠憑直覺感知。擁有「儀態」的人總是特別有吸引力。她的自信和親切會讓你覺得相處起來很輕鬆。不過，我們所說的「儀態」並不是「超完美嬌妻」那種機器人般外表、行為完美無缺，絲毫不顯露情緒的樣子。所謂的「儀態」，應該是對自我和周圍環境有通透的認知，能夠審時度勢，進退有據。

有儀態的人不見得永遠不慌不忙、不發脾氣、行規蹈矩，但是她有自知之明，且堅守自己的信念、內在平靜與高標準，因此不論遇到任何狀況都能從容以對。

這本書談的是如何「培養」而不是「獲得」儀態，這是因為儀態是要終其一生不斷累積而得，不能像買東西一樣，花一次錢買到手了就不管。俗話說得的好，「有錢不一定買得到品味」。**儀態如同品味，同樣不是砸了大錢就能擁有**。儀態得靠日復一日的養成。帶著儀態生活，是一種生活的藝術。就像藝術家終其一生追求藝術的進境，我們培養儀態也應該學無止境。

有儀態	缺乏儀態
姿勢端正	姿勢鬆垮
口齒清晰	口齒含糊
直視對方	眼神閃爍
服裝得體	服裝邋遢
儀容乾淨整齊	頭髮油膩該洗
控制脾氣	立刻回嘴
有禮貌	不懂禮貌
善於傾聽	只顧自己說，不聽別人說
家裡井井有條	家裡亂七八糟
仁慈寬容	好辯好鬥
保有神祕感	每天都在 Facebook 上分享私事
大方接受別人的讚美	反駁別人的讚美
上網有所節制	沉迷於滑手機
不講髒話	常講髒話

有儀態	缺乏儀態
不斷充實心智	停止學習
欣賞藝術	只看電視上的實境節目
細嚼慢嚥	狼吞虎嚥
用心做好每件事且足以自豪	得過且過，敷衍了事
體驗美好時光	只等著看結果
在困境中保持信心	消極悲觀，往最壞的地方想

培養了儀態，並不代表你能夠凡事處之泰然。就像莫非定律，越覺得自己有風度，越有可能遇到意外的考驗，像是被人超車後你可能會偷罵幾句，把手伸出窗外揮幾下拳頭來發洩怒氣。這只是很可能發生的狀況之一，但重點是你必須要有自覺，能夠自我克制並反省，下次遇到一樣的狀況時更懂得如何應對。只要你講究儀態，就不會失去理智，即使發生不好的事情，你也能從中學習，

研究出更好的處理方式。

從起床到入睡都要培養儀態。累到快垮下來的時候，依然保持美麗的姿勢。想要對另一半碎碎念之前，先停下來想一想。教孩子一般的禮貌時，態度溫柔但堅定。面對同事的冷嘲熱諷，不要跟對方一般見識。避開辦公室午餐時間的八卦。如果有人佔你便宜，維護你的自尊勇敢拒絕；有人讚美你，則大方接受。你可以成為孩子、家人和鄰居眼中的好榜樣。你瞭解自己在社會中佔有一席之地，你的儀態能夠發揮影響力。這些自我要求並不會阻礙你享受人生，而是帶來自我挑戰的樂趣。儀態能夠讓你的人生更豐富更有魅力！

失傳的儀態

如果你在公眾場合仔細觀察人群，可能會失望地發現，大多數人都沒什麼儀態可言。先別急著產生偏見。儀態已經是失傳的藝術，大家都習慣在路上遇見鄰居，彼此視而不見，也習慣去店裡買東西時，不先問候店員便大聲提問。這樣真的好嗎？等公車的時候，旁邊有人對著手機罵髒話，你有什麼感覺？在大庭廣眾之下看到衣著舉止邋遢隨便的人，你又有什麼感覺？這個時代已經沒什麼人講究儀態了，這是誰的錯呢？這些邋遢的人可能身邊缺乏好榜樣，也或許根本沒有人教過他們什麼是儀態。社會風氣如此，我們甚至很難找到儀態高雅堪作示範的名人。

以前的明星，大家對他們的言行舉止期望很高。在好萊塢的黃金時代，你不會在頒獎典禮上看到明星穿丁字褲大跳煽情貼身熱舞。現在的電影和電視明星願意為了雜誌寬衣解帶，青少年偶像紛紛穿上輕薄的泳衣，屁股抹油向鏡頭扭腰擺臀。你能想像奧黛麗．赫本（Audrey Hepburn）看到這些會作何感想嗎？最可怕的是，我們對此早就見怪不怪了。

連我們這一代的人都習以為常，那麼下一代呢？他們沒見識過失傳的儀態，低俗的行為才是社會上的常態。這本書在許多人的眼中或許只是一本關於禮節的雅緻小品，但我希望大家不要輕視這裡面的內容。如果我們能讓這本書裡說的規矩成為新的潮流，才有機會矯正粗俗的風氣。

你是否對現在的社會風氣感到失望呢？尤其是想像奧黛麗・赫本看到電臀舞會怎樣瞠目結舌，就夠令人不好意思的了。且讓我在黑暗中點亮一盞希望的明燈。

儀態的實用價值

物以稀為貴，儀態也是如此，我們可以把它視為一項珍稀的商品。根據字典的定義，「商品」是指「實用且有價值的東西」。千萬別小看儀態的用處，只要學會一點皮毛，許多機會將會對你敞開大門。你身邊的人更願意幫助你，工作上的面試官會對你留下好印象，你會吸引到同樣有情調的另一半，而且人們會以尊重的態度對待你。儀態，是很實用的。

實用的東西當然有價值。比方說，你可以獲得理想的工作或期望的升職，吸引有格調的人進入你的生活圈，獲得別人的幫助，凡此種種都能幫助你過更好的生活。只要每日勤加練習儀態，你將能收獲可貴的人生回報。

不過，培養儀態不應該僅出於功利目的，付出的最大回報在於改變自己，發揮自己的最大潛力。培養儀態，是因為你不想再表現出一副不在乎自己、害怕跟別人交流、缺乏安全感的樣子。培養儀態，是因為你想通了人生只有一次，你準備好要綻放自己的美麗，好好珍惜並經營每一天。你願意善待上天賜與你的身體，根據自己的身材和個性挑選合適的衣物，並且多花精神打理髮型，或是化上自然的裸妝來進一步修飾自己原有的樣貌。你準備好出門上街抬頭挺胸，跟人講話時直視對方，勇敢面對別人的質疑。你準備好讓自己擁有時尚的心態、平靜的內心和美好的儀態。

你也想成為這樣的人，但是覺得很難嗎？別氣餒。我寄宿在「時尚夫人」的家那會兒，也沒想到像我這樣粗糙的大學生能夠改頭換面，說來這得歸功於我的身邊有值得借鏡的好榜樣。

優雅的榜樣

這年頭，要找到舉止優雅的名人當榜樣可不容易。以往被視為驚世駭俗的行為，現在根本沒什麼好奇怪的。想當初，電影或電視裡就有那麼多儀態萬千的明星值得借鏡。就拿葛麗絲・凱莉（Grace Kelly）、奧黛麗・赫本、卡萊・葛倫（Gary Grant）、佛雷・亞斯坦（Fred Astaire）、琴吉・羅傑斯（Ginger Rogers）、勞倫斯・奧立佛（Laurence Oliveir）和費雯麗（Vivien Leigh）這些風華絕代的好萊塢明星來說，他們在戲裡的知名角色無一不是當代優雅的典範：葛麗絲・凱莉在電影《電話情殺案》（Dial M for Murder）中扮演的瑪歌在受審時的從容反應；奧黛麗・赫本在《第凡內早餐》（Breakfast at Tiffany's）裡飾演的荷莉即使心懷忐忑也從不失態；卡萊・葛倫在電影《深閨疑雲》（Suspicion）裡飾演的強尼手頭拮据依然風度翩翩……這些經典的形象令人難以忘懷。如果你不認識這些明星或是沒看過這些電影，我誠心推薦各位每個月找一兩個晚上重溫這些傑作。你一定會被他們的穿著、優雅的儀態，還有在壓力之下展現的風度所折服。他們的言行或許有點過時，但絕對有我們能從中學習的地方。

除了經典電影裡的經典角色之外，當今社會和娛樂圈其實也找得到榜樣。擁有儀態的人就像寶石一樣，閃閃動人，註定不會被埋沒，劍橋公爵夫人（英國的凱特王子妃）就是最好的例子。為什麼全世界都那麼關注這位未來的英國王妃？因為她是難得年紀輕輕卻進退有度的名人。每次她出現在公開場合，總是穿得那麼恰到好處，儀容一絲不苟，而且溫和有禮。她的品味高尚，態度風趣活潑，而且不失時髦。

我說過，現在的明星甚少講究儀態，但也並非完全沒有。有儀態的明星雖然如鳳毛麟角，但確實存在，只不過他們相對之下顯得低調，很容易被忽略。他們不會在 Instagram 上面曬自己的豐唇或刺青自拍照，只是默默地精進自己的演藝能力，所以比較難被注意。不過用心的話，還是能挖掘出來的。

儀態優雅的傳奇明星：

- 奧黛麗・赫本
- 瓊・芳登（Joan Fontaine）
- 卡萊・葛倫
- 費雯麗
- 佛雷・亞斯坦
- 琴吉・羅傑斯
- 葛麗絲・凱莉
- 詹姆斯・史都華（James Stewart）
- 凱瑟琳・赫本（Katharine Hepburn）
- 勞倫斯・奧立佛

儀態優雅的當代明星：

- 安蒂・麥道威爾（Andie MacDowell）
- 安吉拉・蘭斯伯里（Angela Lansbury）
- 奧黛莉・朵杜（Audrey Tautou）
- 凱薩琳・丹尼芙（Catherine Deneuve）
- 海倫・米蘭女爵士（Dame Helen Mirren）
- 瑪姬・史密斯女爵士（Dame Maggie Smith）
- 丹佐・華盛頓（Danzel Washington）
- 梅莉・史翠普（Meryl Streep）
- 娜塔莉・波曼（Natalie Portman）
- 皮爾斯・布洛斯南（Pierce Brosman）

文學作品中儀態優雅的角色：

- 夏綠蒂．勃朗特（Charlotte Brontë）筆下的簡愛（Jane Eyre）
- 露意莎．梅．奧爾柯特（Louisa May Alcott）所著《小婦人》（Little Women）裡的三姊妹（喬雖然脾氣衝動且言詞鋒利，但她懂得努力節制，這是我們培養儀態時應當效法的精神）
- 阿嘉莎．克莉絲蒂（Agatha Chistie）筆下的白羅探長和瑪波小姐
- 珍．奧斯汀（Jane Austen）筆下的伊莉莎白．班奈特
- 莎士比亞筆下的碧翠絲（出自《無事生非》Much Ado About Nothing）、羅斯蘭（出自《皆大歡喜》As You Like It）和苔絲狄蒙娜（出自《奧賽羅》Othello）
- 亞歷山大．梅可．史密斯（Alexander McCall Smith）筆下的堅強淑女偵探蘭馬翠
- 凱瑟琳．金（Carolyn Keene）筆下的神探南茜
- 伊恩．佛萊明（Ian Fleming）筆下的詹姆士．龐德

・路易斯・卡羅筆（Lewis Caroll）下的的愛麗絲（出自《愛麗絲夢遊仙境》）

・埃爾文・布魯克斯・懷特（E.B White）筆下的夏綠蒂（出自《夏綠蒂的網》。夏綠蒂雖然是蜘蛛，但她確實很有格調）

除了能花大錢請個人造型師和髮妝師、拍照可以修圖的名人之外，平凡人之中也有優雅的榜樣嗎？我們每天遇見的平凡人才是最真實的。我在巴黎時就深受「時尚夫人」的耳濡目染，看得出她的儀態絕非矯揉造作，而是她人格的一部分，因此令人尊敬。我很幸運，能夠近距離觀察這樣的好榜樣。

相信我，你的周遭一定也有值得學習的好榜樣，她可能是你的媽媽、阿姨、祖母、學校老師、校長、以前的舞蹈老師或音樂老師、隔壁鄰居，甚或是附近精品店的店員。睜大眼睛，挖掘出身邊有儀態的人吧！就因為稀有，所以他們更像鑽石般耀目。如果你膽子夠大，不妨向對方致上你的欣賞之意。如果害羞，那就趁對方在身邊時多觀察模仿也好。想想看，對方身上究竟有什麼魅力。我敢打賭，她出色的地方絕對不只一個，從談吐舉動與服裝髮妝，再到坐姿、學識和嗜好，肯定都是精挑細選之後的結果。

你也有觀眾

天生我材必有用，每個人都有珍貴之處，沒有人是真的微不足道。你可能覺得自己沒有什麼影響力，但其實不管你住得多偏僻，身邊只有家人和寥寥幾個鄰居，你的儀態仍可能產生巨大的影響力。

我的 YouTube 頻道放了一些影片，有觀眾留言，說我的影片真的改變了他們的生活，也有人鼓勵我，為了這些在背後支持我的觀眾繼續加油。我想說的是：每個人都有自己的觀眾！或許你沒有 YouTube 頻道，沒有拍音樂影片放在熱門社交網站上，也沒有上流行雜誌封面，但你確實是會被看見的。孩子、另一半、同事、鄰居、小孩的同學媽媽和老師、在路上對你點頭打招呼的陌生路人、你家附近咖啡店的店員、飛機上的空服員，這些你在日常生活中遇見的人，統統都是你的觀眾。你的優雅儀態能夠對這些人產生影響力，你能夠成為這些人眼中的好榜樣。

你八成早就知道家人會觀察你，也體認到自己的行為是孩子的榜樣，但我猜你從未想過自己能影響陌生人。請回想看看，你曾經遇過多少令你印象深刻的陌生人？對方可能是你在機場瞥見的時尚美女，可能是街上某個穿得很帥騎著腳踏車的男人，可能是醫院候診間坐姿端正的女病患，也可能是郵局裡特別親切有禮的行員。儀態優雅的陌生人能夠抓住我們的目光，反之亦然，如果你具備儀態，陌生人也會注意到你。不論你喜不喜歡或認不認識對方，你活在別人的目光之下。你是社會上的一分子，但你的舉止是否符合你期望看見的社會分子？從這個角度看待人生，你一定會想重新審視自己的生活，思考該如何改變自己。

沒人看見就可以隨便？

許多人開始培養儀態時，光挑別人看得到的地方努力。這麼做一時之間雖然也有效果，但是感覺會假假的，因為你的出發點錯了。你自己會覺得彆扭，別人也覺得你做作。正確來說，改變私下的生活習慣，比在人前表演更重要。這是為什麼呢？

一個人獨處的時候，才是一個人最真實的樣子。也因為如此，這才是培養儀態與改變生活習慣的最佳時機。私下不穿破舊的睡衣睡覺，不再抱著一大包洋芋片邊吃邊看搞笑電視劇，那麼你在人前自然也不會做這些事。養成在餐桌上好好用餐的習慣，而不是邊滑手機邊用免洗餐具吃微波餐，你的用餐禮儀才會熟練自如。即使沒有要出門，還是好好梳頭穿衣，以後你就更懂得如何裝扮出席公眾場合。對自己的言行舉止設下了更高的標準，養成了得體的新生活習慣，你的氣質便會在潛移默化之下發生改變。

請不要為了討好別人而培養儀態。如果你不是誠心改變自己真正的生活方式，那麼在人前人後裝模作樣都沒有意義。你私底下的行為作息，才是你真正的人生，而你的人生不應該是做給別人看的。

關於儀態的力量，我們已經解釋得夠多了。坐而言不如起而行，接下來，讓我們一起踏上從生活中培養儀態的征途吧！準備好迎接挑戰了嗎？

PART

2

外在形象

PRESENTATION

Lesson

2

發揮品味的力量

THE EMPOWERMENT OF STYLE

猶記得當年初次從洛杉磯飛抵巴黎，我立刻被這座城市的美麗給震攝住了；我第一次看見如此華麗的建築、噴泉、拱橋……天啊，就連路燈都超美的！從商店的櫥窗到路邊咖啡店的戶外餐桌，無一不妝點著這座美妙的城市。更別提巴黎的人們了，街上的男男女女都顯得那麼時髦得體，各種巧妙的圍巾綁法和鞋子搭配，還有像是訂做般合身的服飾；不論是農夫市集裡的小販，還是高樓大廈裡出沒的菁英上班族，每個巴黎人都打扮得非常體面。這裡沒有像是剛從床上滾過，起床後隨便打理就出門的邋遢鬼，讓我這個隨興慣了的美國人，訝異於巴黎人有多注重外在形象。

巴黎人給我的這個第一印象，一直維持到我見到「時尚夫人」和「時尚先生」也沒被打破。那天是星期三的下午，我們坐在客廳喝茶寒暄，互相介紹。我默默地注意到這對夫婦的穿著給人感覺很體面：「時尚夫人」穿著絲質上衣配A字裙和低跟鞋，戴一串珍珠項鍊，「時尚先生」則穿著正式的襯衫和西褲，外搭一件毛衣，腳上一雙鋥亮的皮鞋。我以為他們是為了迎接我才穿得那麼隆重，頓時有些受寵若驚，不過很快就發現是我自作多情，因為隔天我便發現，他們平常就這麼穿。事實證明，「時尚先生」和「時尚夫人」只是如同許許多多的巴黎人一樣講究衣著，他們從選擇衣物開始，打造自己的儀態。

培養儀態的第一步，從儀容和品味開始。為什麼呢？如果你打扮得很漂亮，你自然會覺得動作不能太粗魯。去美髮店做好頭髮或是擦上新的唇膏顏色，你的腳步是不是會不自覺地雀躍起來呢？難得穿洋裝被人讚美，勤勞保養皮膚而有所成果，我們很容易被這些成就感激勵，開始美化自己生活的其他部分。

你的外在形象忠實反映著你的內在心境。假如你過去三年老是穿運動褲和鬆垮垮的T恤，這代表著你沒有好好善待上天賜給你的獨特容貌和身材。你用滿不在乎的衣著當作掩飾，不想讓別人注意到你。

我必須強調一件事：「儀態」不是穿上洋裝或擦個口紅就能憑空而得，必須發乎於心。當你開始在意自己的樣子而用心打扮，才是真正的美麗。有沒有最流行的衣服和化妝品，上禮拜是否做過昂貴的美容療程，這些根本無關緊要。認同自己獨一無二的外貌，由內而外散發出自信與喜悅，那才是美麗的最高境界。

你有過這樣的內心掙扎嗎？看見一件洋裝很喜歡，雖然想穿，但是擔心自己太胖不適合鮮亮的顏色，而且怕穿了會引人注目。你想到以前都沒穿過那樣的洋裝，覺得現在才嘗試太晚了，於是乎打了退堂鼓。但如果是你的好友有此想法，你會鼓勵還是勸退她？懂了吧！想要改變穿衣風格、換個髮型、塗上新的口紅顏色，有何不可？勇敢試試吧！或許一開始有些不自在，但等你克服了多餘的自我意識，你的美麗將會真正綻放。

穿衣打扮最有趣的地方在於，沒有正確的答案——每個人都有自己適合的髮型和妝容，魅力不只有一種表現方式。你的風格可以是波希米亞風、古怪幽默風或優雅經典風。你可以熱愛復古的淑女洋裝，也可以固執於簡單的襯衫和長褲。在培養儀態的漫漫長路上多方嘗試，你將會是你個人風格的行家。

不要逃避

如果你對於自己的外表有任何負面的情緒，與其消極逃避，不如積極面對。當你真正喜歡上自己天生而來的外表，才能修飾出獨屬於自己的美麗。

很多女人都想要等減肥成功再穿漂亮衣服，結果只是年復一年空等下去，漂亮衣服遙遙無期。我真心覺得，減肥成功固然是好，沒瘦下來也沒什麼大不了，我們不應該讓體重機上的數字定義一個人的美麗，然後自我設限地放棄打扮。我認為，先開始打扮再減肥，成功機率更高，畢竟有了正面的動力，才不容易陷入自暴自棄。

如果你正在減重，不知道自己該買什麼尺寸的衣服，別忘了，你永遠可以找人修改衣服。瘦身成功後，只要找專門修改衣服的店家，就能把你喜歡的舊洋裝再次變得合身，而且量身剪裁過的洋裝應該更能修飾你的身型。

認同自己的女性美

有不少讀者看完兩本談「時尚夫人」的書（《向巴黎夫人學品味》和《向巴黎夫人學居家》，積木文化出版）寫信給我：「珍妮佛，我以前天天穿得像男人一樣，現在我可以勇敢做女人，開心擁抱自己的女性美！」如果你不習慣自己女性化的一面，或是身邊沒有好榜樣，要讓自己散發出女人味，對你來說可能困難重重。當你開始擁抱自己的女性美時，身邊的人一定會多加注目，不是誇獎你打扮得特別好看，就是問你要去哪裡，再不然還調侃一句「有人今天特別漂亮喔」。面對這些目光和評語，你或許會懷疑自己過度打扮而覺得不自在，對於別人的讚美不知所措。我自己也是別人多看幾眼就會害羞的性格，這種心情我很瞭解。其實最好的應對方式，就是大方接受每一個讚美。如果人家問你要去哪裡，實話實說就行了。他們要是發出「哇！你穿這樣只是去接小孩放學而已」之類的疑問，你也只需微笑說是，不必多加解釋。別忘了，你也是有觀眾的，你可以當個好榜樣，激發那些默默羨慕你的人，讓她們也有勇氣好好打扮自己。何必因為在意旁人的想法而放棄讓自己變得更美麗。我親愛的讀者們，踏出舒適圈，勇敢改變自己的裝扮吧！我敢說，你身邊的人一定會跟著改變，你將會驚訝地發現，自己的影響力遠比想像中還大。

便服

運動服陷阱

看到漂亮的女人（我相信這世上沒有醜女人）成天穿著鬆垮垮的運動服，我總是覺得遺憾。鬆垮的運動服如何讓人散發出女性美呢？當然啦，運動時穿運動服無可厚非，運動前後去買東西、接送小孩也是在所難免的。我也常在穿運動服出門時順便辦些別的事，明白只能在健身房穿運動服是多麼令人為難的要求。不過，我知道有很多人即使沒有要去運動，還是天天穿運動服。如果你也有這個習慣，現在該來研究一下原因了。你愛穿運動服是貪圖舒服，還是懶得思考怎麼搭配服裝，抑或只是出於習慣，害怕改變，或者純粹覺得這樣最方便？

現在市面上有很多時髦的運動服，到聖塔莫尼卡市（我就住這裡）的蒙大拿州大道走一圈，就能證明我所言不虛。但我還是覺得，運動服不管再怎麼時髦，還是應該看場合穿才對。

家居服

有人在家只穿舊衣服，美其名曰「家居服」。我不贊同把家居服和外出服區分開來。為什麼出門上班辦事打扮得漂漂亮亮，在家裡就要邋裡邋遢呢？我知道很多人在人前光鮮亮麗，一回到家就立刻換上運動褲或是穿舊得變形的衣服。

「時尚夫人」從來不穿什麼家居服。她早上換好的衣服，就是她當日的服裝。她平常喜歡穿A字裙搭毛衣或襯衫，絲襪配平底鞋或低跟鞋，脖子上總戴著一串珍珠項鍊。如果要出門，她會套一件大衣或羊毛衫，圍一條絲巾再戴上手套。等辦完事回家，她也不會換別的衣服。總而言之，就算閒閒在家她也不可能穿運動褲（老實說她壓根兒沒有運動褲），更不會早早換上睡衣。

常有人問我：「珍妮佛，我好喜歡你的外出服，可是你在家穿什麼？」我的回答是：「我十件精品衣櫥裡的衣服，就是我在家穿的衣服。」別懷疑，我在家會穿洋裝和絲襪，或是黑色長褲配襯衫，再加一條漂亮的項鍊。我每天晚上都穿著白天的衣服在廚房煮晚餐，頂多就是套件圍裙。我打掃家裡時也是一樣不換衣服，只是加一件圍裙。偶而我會為了打理花草而換裝，但大多時候我並不管自己穿的衣服有多好多貴，照樣套上圍裙戴上手套就到院子裡澆花了。

不懂我的居家穿衣哲學嗎？我的想法是，儀態不是表現給別人看的，而是為了改變自己的生活品質，不論是公開的生活或私生活皆包括在內。當你穿上體面的衣服，你的自我感覺絕對不同於穿著臃腫的運動褲和寬大的T恤——你的行為舉止會配合衣服而提升。不要因為你一個人在家，沒人看得到就隨便。打扮自己是因為尊重自己，而不僅僅是尊重他人。

在家更不應該邋遢，尤其是有了小孩後，因為小孩會記住你在家的樣子。你絕對不會想以黃臉婆的形象出現在他們的回憶裡吧？別再不好意思了，在家也好好打扮吧！

我常被問的另一個問題是：「在家穿漂亮衣服不怕弄髒嗎？」擔心弄壞昂貴衣物是人之常情，但是根據我的經驗，這個機率其實微乎其微。我家裡有兩名喜歡塗鴉、挖泥巴到處製造混亂的幼童，但在五年多的育兒生涯裡，我只弄壞過一件衣服——一件沾了指甲油的T恤。那次意外是我用兒童用指甲油幫女兒塗指甲，還沒乾她就撲上來抱我，結果指甲油沾得我身上的T恤到處都是。不過，這又有什麼大不了呢？那個擁抱比一千件T恤還珍貴！而且，只要穿件圍裙就能預防這種意外了。下次記得，幫女兒塗指甲油之前請穿上圍裙。至於其他一般的髒汙，洗一洗就掉了。

我瞭解有時候出席隆重場合的衣服，在家穿實在不舒服，例如回家會想要換掉上班穿的正式套裝。這時你可以換上又好看又舒服的服裝，像是長版毛衣配內搭褲和芭蕾平底鞋。我在此誠摯的呼籲，別再留著破舊、髒汙、磨薄或不合身的衣服當家居服。穿舊或破損的衣服要是沒辦法修補，那就丟了吧。好東西捨不得用才可惜，這是我從「時尚夫人」身上學到的真理。我每天不管要做什麼，總喜歡花時間把自己收拾漂亮，因為那會讓我的心情變好。試著忍住回家換下外出服的衝動吧！不久後你反而會因為覺得在家穿運動服不像樣而不自在。

個人風格

你的風格是什麼？你現在擁有的衣服，能反映你真正的風格嗎？我不得不說，很多人真的不知道自己的風格是什麼。所謂的個人風格，應該是你內心深處喜歡的風格，這應該是顯而易見的。如果你沒有明顯的個人風格，可能是受了流行趨勢或明星效應的影響，再不然就是被你的朋友或社交圈所左右。是時候拋開這些外在因素了。先不管外面流行什麼，捫心自問你自己真正想穿什麼吧！

如果你穿的衣服讓你覺得不像自己，想想看你是不是因為身邊的人都這樣穿才跟著穿？比方說，假如跟你同年紀的女生都穿短褲和露出肚臍的短上衣，但是你其實鍾情於典雅的風格，那就勇敢做自己，穿上你喜歡的漂亮花洋裝、柔軟的針織外套和涼鞋吧！沒錯，你可能會覺得自己與眾不同太顯眼，但是既然踏上了培養儀態的道路，終究會是鶴立於雞群，既然如此，何不盡情嘗試自己喜歡的風格！

「時尚夫人」完全不盲從於流行，她對典雅內斂的風格堅定不移；A字裙、高質感毛衣、絲質襯衫、低跟鞋和經典的首飾是她最自在的打扮。當一個人穿著符合個人風格的衣服時，自己會覺得特別舒服，別人看著也舒服。如果你每天都從去蕪存菁過的十件精品衣櫥裡找衣服穿，你的個人風格將會日益分明。下次逛街買衣服時，切記不要亂買不符合你個人風格的衣服。這個原則可以幫助你不受特價的誘惑。你的十件精品衣櫥不應該添加不符個人風格或不能與現有衣物搭配的衣服。堅持原則，守緊錢包，等你找到完美的新衣時，你會很慶幸沒有亂花治裝費。

小測驗：認識你的個人風格

如果還不了解你的個人風格是什麼，先想想你平常喜歡哪些東西，就能知道什麼樣的風格最能展現你真實的自我。下面的小測驗可以幫助你確認你的個人風格。請在每一個類別中記下你最喜歡的項目號碼，然後到測驗的結尾處查看分析結果。

令你百看不厭的電影：

1《艾蜜莉的異想世界》（Amélie）

2《第凡內早餐》

3《手札情緣》（The Notebook）

4《伴我同行》（Stand by Me）

5《成名在望》（Almost Famous）

6《春風化雨》（Dead Poet's Society）

7《獨領風騷》（Clueless）

你喜歡的花：

1 鬱金香

2 蘭花

3 英國玫瑰

4 非洲菊

5 野花

6 繡球花

7 天堂鳥花

你欣賞的女演員：

1 瑪莉詠・柯蒂亞（Marion Cotillard）

2 安潔莉娜・裘莉（Angelina Jolie）

3 綺拉・奈特莉（Keira Knightley）

4 凱瑟琳・赫本

5 凱特・哈德森（Kate Hudson）

6 瑞絲・薇斯朋（Reese Witherspoon）

7 莎拉・潔西卡・派克（Sarah Jessica Parker）

你的時尚偶像：

1 伊內絲・法桑琪（Inès de la Fressange）

2 賈桂琳・甘迺迪（Jacqueline Kennedy Onassis）

3 葛麗絲・凱莉

4 黛安・基頓（Diane Keaton）

5 茱兒・芭莉摩（Drew Barrymore）

6 葛妮絲・派特洛（Gwyneth Paltrow）

7 妮可・李奇（Nicole Richie）

如果只能挑底下其中一個牌子的衣服穿，你會選：

1 香奈兒（Chanel）

2 Diane von Furstenberg

3 Vera Wang

4 Vince

5 Free People

6 雷夫羅倫（Ralph Lauren）

7 亞歷山大麥昆（Alexander Mcqueen）

你最喜歡的戲劇或音樂劇：

1《金粉世界》（Gigi）

2《芝加哥》（Chicago）

3《羅密歐與茱麗葉》（Romeo and Juliet）

4《西城故事》（West Side Story）

5《仲夏夜之夢》（A Midsummer Night's Dream）

6《裸足佳偶》（Barefoot in the Park）

7《等待果陀》（Waiting for Godot）

你最喜歡的書：

1《流動的饗宴》（A Moveable Feast）

2《大亨小傳》（The Great Gatsy）

3《簡愛》（Jane Eyre）

4《頑童歷險記》（Huckleberry Finn）

5《旅途上》（On the Road）

6《麥田捕手》（The Cather in the Rye）

7《購物狂的異想世界》（Confession of a shopaholic）

最令你怦然心動的男主角：

1《午夜・巴黎》（Midnight in Paris）裡的歐文・威爾森（Owen Wilsom）

2 卡萊・葛倫

3《傲慢與偏見》（Pride and Prejudice）裡飾演達西先生的柯林・佛斯（Colin Firth）

4 飾演印第安納・瓊斯的哈里遜・福特（Harrison Ford）

5《神鬼奇航》（Pirates of the Caribbean）裡的強尼・戴普

6《心靈捕手》（Good Will Hunting）裡的麥特・戴蒙（Matt Damon）

7《麻雀變鳳凰》裡的李察・吉爾（Richard Gere）

如果能時空旅行到任何地方，你會選：

1 現在的巴黎

2 黃金時代的好萊塢

3 珍・奧斯汀時代的英國

4 拓荒時代的美國西部

5 六〇年代的胡士托音樂節（Woodstock）

6 一九八五年左右的紐約漢普頓（Hamptons）

7 安迪・沃荷（Andy Warhol）在紐約市的工廠工作室（Factory）

選1最多：巴黎時尚——你熱愛時尚，勇於嘗試新鮮有型的搭配。你會穿漂亮合身的洋裝配高跟鞋，也懂得穿牛仔褲、帆布鞋搭香奈兒外套。你完全掌握了自己的風格，不盲從於流行。

選2最多：成熟動人——閃閃動人是你的風格重點，喜歡用誇張前衛的首飾襯托小禮服。如果要穿得輕鬆一點，你會用高級的首飾來提升便服的品味。你總是打扮怡人，風格成熟不退流行。

選3最多：浪漫女性——女性化的洋裝最投你所好。布料方面，你喜歡絲和喀什米爾。設計方面，你無法拒絕花朵印花和傳統復古的造型。你可以把保守的領口和淑女式的荷葉邊穿出十足的女人味。

選4最多：簡便時尚——你的內心是個假小子，平常穿褲子多過裙子。你喜歡簡單俐落的服飾。你好動且常去戶外，衣服也都選方便活動的款式。晚上你偏好西裝長褲配絲質背心，或是一件簡單卻搶眼的洋裝，偶而還會擦上紅色唇膏。

選5最多：波希米亞——你擁有自由不羈的靈魂，這點也反映在你的衣著上。出於藝術家的天性，你愛好長洋裝、牛仔靴、流蘇和各式各樣的首飾。你喜歡自己天生的頭髮，無論是捲髮或是直長髮。

選6最多：學院學生——乾淨整齊的馬球衫、牛仔褲和麂皮樂福鞋，是你最自在的裝扮。晚裝你會選簡潔優雅的款式。清新自然的妝容、低調的首飾和簡單的髮型，最能襯托出你的自然美。

選7最多：前衛新潮——你不跟隨流行，而是引領流行。你熱愛前衛的造型，不怕引人注目。你勇於實驗新奇的髮型和美甲。時尚感十足的服裝、誇張的肩線、有分量的首飾配件，最令你心動。你是千面女郎，樂於挑戰各種風格。

Lesson 3

體面的服裝

PRESENTABLE CLOTHES

服裝跟儀態有什麼關係？穿什麼究竟有什麼重要的？每一天，我們要做那麼多的選擇，站在衣櫥前挑選衣物似乎只是其中一件微不足道的瑣事，但卻能牽動我們一整天的心情。穿對了衣服，你會特別有精神。所以說，別再把日常著裝當作例行公事了！好好享受穿搭的樂趣，你每一天都會想要穿上最好看最出色的衣服。要成為有儀態的人，就要懂得該怎麼在不同場合穿得恰如其分，讓服裝變成傳達你品味的名片。

儀態&十件精品衣櫥

「十件精品衣櫥」是我引發最多討論的寫作主題，原因可能是現在的女人大多擁有大量衣物，難以想像怎麼靠寥寥幾件衣服過日子。但其實超大衣櫥（有些甚至能容納上百件衣服）也不過是這些年才流行起來，以前我們祖母、曾祖母的年代，一個人的衣服不到十件還不是過得下去（不得不說，她們的衣服雖然少，但貴在件件精緻）。話說回來，衣櫥塞爆了跟儀態有什麼關係？如果你的衣櫥有一大堆從來沒穿過的衣服，可能說明了幾個問題：你不知道自己的風格、缺乏自制力、喜新厭舊，或是懶於整理並捐贈不需要的衣物。聽起來很糟糕嗎？你以為衣櫥裡塞滿的只不過是衣服罷了？錯，裡面裝的，是一大堆沒有解決的問題。

想要培養儀態和塑造品味，可以從整頓衣櫥開始著手。如果缺乏頭緒，我非常建議各位試試「十件精品衣櫥」的整理原則。經由去蕪存菁的過程，你會豁然發現自己在風格品味、消費習慣和自我價值等方面潛藏的種種問題。我在《向巴黎夫人學品味》

和《向巴黎夫人學居家》這兩書中都介紹過十件精品衣櫥，如果你已經看過了，以下摘錄的基本概念可以幫助你稍作回顧。

衣櫥大掃除

衣服太多太雜，每天早上光是找要穿的衣服就是一大工程。要怎麼還衣櫥一個清爽呢？首先，把衣服全部清出來，一件件評估篩選，按照直覺決定去留。如果你需要更具體一點的原則，那就是：一整年沒穿過的衣服就直接丟了吧！切忌心軟，別想著這件不常穿的衣服是你的風格，或是那件留下來或許改天會穿。別再騙自己了！你內心深處知道你不會再穿它們了。不要猶豫，大方地捐出去吧！與其留著不穿卻佔空間，不如捐給有需要的人。把你一年沒穿過、不再合身且不符你現在風格，還有難以搭配的衣服統統捐出去之後，剩下來的衣服，可以把非當季的收起來。比方說，仲夏時分你不會想在打開衣櫥時看到冬天的大衣吧？

濫竽別再充數

還是捨不得丟掉舊衣服嗎？聽過我這個慘痛的經歷，想必你就能快刀斬亂麻了。某個星期天，我趕著上教堂，只剩下十分鐘的時間換衣服。那天下著雨有點冷，我打算穿洋裝配不透明絲襪和雨靴。我的襪子和絲襪都放在同一個抽屜，我一邊找一邊想起，最好的兩雙厚絲襪前一晚才洗好，還沒晾乾。我記得還有一雙新的，可是越急越是找不到，心慌意亂之下根本分不出新舊。好不容易我挖出一雙來就急急忙忙穿上去，趕著和家人一起出了門。走去教堂的路上，我悚然發現那雙絲襪腰圍的鬆緊帶完全失去彈性，正慢慢地往下滑。「媽咪，妳怎麼了？」，我彆扭的拉扯動作沒逃過女兒的眼光。

百般艱辛到了教堂，我衝去洗手間想要亡羊補牢，偏偏身上沒有別針或膠帶之類的東西可以固定。我考慮了一下是否乾脆脫掉絲襪，可是天氣實在太冷，我怕著涼。最後我決定不脫，盡量不要大動作，應該可以撐過整個禮拜儀式。我小心翼翼，一直到領聖餐前都很順利。就在我站起來走向教堂講台的時候，意外發生了！我的絲襪瞬間刷地掉下來，就在我挪到牧師面前之際，絲襪的褲襠已然掉到膝蓋上……這個故事的教訓就是，已穿破穿舊的衣物，千萬不要再留了！我想不起來當初為何要留著那雙鬆掉的絲襪，不過這種錯誤我肯定不會再犯！

穿出儀態

衣櫥裡篩選後留下來的衣服，值得我們好好愛護。你是不是有一些好衣服因為怕弄壞而一直捨不得穿？這種節儉其實很沒有必要。我並不是鼓勵大家穿蕾絲小禮服上雜貨店那麼誇張，只不過，那埋在衣櫃深處的絲質上衣總可以拿出來穿吧？開始習慣平常就穿好衣服吧！有儀態的人無時無刻不擺出自己最好的一面，不會屈就於鬆垮的舊衣服，好衣服省著不穿。我們應該把每一天都當作最後一天，盛裝以對。從今天開始，天天穿上好衣服吧！

每天早上選衣服的時候，想想看怎麼穿才有儀態。千篇一律的牛仔褲搭T恤好，還是一件漂亮的洋裝好？感覺上後者似乎更能彰顯品味，不過某些場合確實比較適合穿前者。如果你原本只穿牛仔褲搭T恤，不妨多花點巧思，跳出自己的穿搭舒適圈，用不了多久你就會練出膽量，嫌T恤加牛仔褲太隨便或太無趣，最後反而覺得穿洋裝才自在。天天認真打扮，你的時尚品味就會朝正確的方向發展。

十件基本單品

「十件精品衣櫥」裡的「十件」，指的是日常生活穿搭不可或缺的十件基本單品，其中有長褲（包括牛仔褲）、洋裝、上衣和裙子。這些基本單品最好選料子好、不容易退流行、你喜歡且穿起來自在的款式。另外，顏色是否襯你的膚色、好不好搭配，也是挑選的重點。接下來，你可以盡情組合這十件單品，累積經驗從錯誤中學習，往後就再也不會花冤枉錢，錯買太短或容易縮水的裙子、洗幾次就變太緊的褲子。不斷累積珍貴的穿搭心得：像是哪個牌子的牛仔褲最值得投資，哪種風格最貼近你的氣質，長袖上衣在四季如夏的地方不實穿，多層次穿搭最經濟實惠，某種剪裁的洋裝最能修飾身型等。最終你將能打造出一個完美的衣櫥，衣服件件合身好看，穿上去就能展現出你真正的個人風格。想要掌握穿衣之道嗎？認真經營你的「十件精品衣櫥」就是最好的方法。

基本單品範例

- 四件洋裝、兩件褲子、四件上衣或
- 兩件牛仔褲、兩件褲子、四件上衣、兩件洋裝或
- 三件洋裝、兩件裙子、三件上衣、兩件牛仔褲或
- 十件洋裝

那麼，「十件精品衣櫥」是不是絕對只能有十件衣服呢？當然不是。如果你覺得十件不夠，想要十五、二十件甚或二十五件都可以。重點是要對基本單品培養出挑剔的眼光。挑剔久了，有一

天你可能會發現，其實真的只要十件就夠了。我有很多讀者成功用十件基本單品滿足日常穿搭需求，還有很多讀者把衣櫥縮減到十五件或二十件後，寫信告訴我她們的生活從此有了美好的改變。「十件精品衣櫥」有多厲害可不是我在自賣自誇！

逛街買衣服的時候，嚴格遵守「十件精品衣櫥」的原則，可以幫助你鍛鍊眼光和自制力。因為懂得重質不重量，你會盡可能以有限的衣物搭配出無窮的創意，新舊搭配穿出新意來。這樣買衣服雖然沒那麼爽快，但是成就感更勝一籌。更棒的是，「十件精品衣櫥」的原則不只能應用在衣服上，它還可以抑制購物衝動，不讓你亂買可有可無的次級品。你還是能享受購物的樂趣，只不過你買東西的標準更嚴格——必須夠好看夠實用，而且是真心喜愛不會束之高閣才行。這樣一來，你就不會買到突兀的東西，與你的家和其他物品格格不入。

有了件數限制，買一件新衣服就得捨棄一件舊衣服，你會在買衣服前停下來思考，並且耐心等到有穿舊或不再適合你的舊衣服被淘汰，再考慮添購新衣。

要從買衣服這件事培養儀態，買之前務必先停下來捫心自問：

- 我真的需要它嗎？
- 我負擔得起嗎？
- 我為什麼要買它？
- 我想要它嗎？
- 再過一個禮拜或再過一年，我還會想要它嗎？

「十件精品衣櫥」的好處數之不盡，首先它可以幫助你養成健康的購物習慣：不亂花錢、不成為物質的奴隸、不再被「最終折扣」和「清倉拍賣」這些促銷手段所迷惑。你會發掘出自己的風格，並且堅持下去。破舊或穿起來不再好看的衣服都丟掉了，往後你只能穿最好的衣服，所以每一天怎麼穿都好看。早上起床再也不必煩惱穿什麼，因為你衣櫥裡的衣服都很容易搭配。有儀態的人穿衣服不只是體面，還能注入自己的風格，給人自然的感覺。一起加入「十件精品衣櫥」的行列吧！不要害羞，你也能成為穿衣大師！

簡易穿搭

整頓好你的「十件精品衣櫥」後，你會發現穿搭原來可以這麼簡單。衣服太多只會令人眼花撩亂，精挑細選的單品才能忠實反映你的風格。有些人擔心衣服太少件很容易穿膩，這完全是多慮了。光靠十件單品就能創造出豐富組合，這是挑戰也是樂趣。如果你真的嫌單調，不妨趁機鍛鍊自己的心性，學會知足常樂。人格上的成長，也會讓你更有儀態。

不知道穿什麼的時候，洋裝是最省事的選擇，頂多再想想要搭什麼絲襪、鞋子、首飾和外套就行了。就是因為這麼簡單，我的「十件精品衣櫥」永遠少不了幾件洋裝。至於上下兩件穿搭，只要上衣、褲子和裙子挑得好，就不必擔心配起來怪不怪。奉行「十件精品衣櫥」幾年下來，你的穿著風格將會更鮮明一致，衣櫥裡的衣服隨便搭都好看。

額外單品

除了基本單品外，要完成一整套造型，還需要一些額外單品，像是T恤、多層次穿搭用的毛衣及羊毛衫、外衣、包包、鞋子、圍巾與首飾等配件。你的「十件精品衣櫥」要增添什麼樣的額外單品，端看你的生活所需。如果住在寒帶地區，那麼你需要的毛衣肯定比住在南加州的人多。如果常常要帶小孩去公園玩，那你可能需要多幾件T恤。如果平日要走很多路，可以多選幾雙平底鞋。挑選額外單品時，也要秉持貴精不貴多的原則，可別好不容易死守了十件基本單品的底線，額外單品卻失控買了上百件，反而功虧一簣。額外單品並沒有件數規定，但你應該知道哪些單品需要增減。比起基本單品，額外單品才是做造型的創意所在，倘若搭配得法，就能讓你的基本單品變化無窮。一條誇張的項鍊或是一條漂亮的圍巾，畫龍點睛的效果不容小覷。請拿出你對基本單品的挑剔眼光來看待額外單品，然後盡情享受穿搭的樂趣吧！

配件反客為主

如果你費盡心思挑選了基本和額外單品，依然苦於不擅穿搭，最簡單聰明的方法就是，以素淨的服裝打底（例如藍色的針織連衣裙，或是綠色的V領毛衣配牛仔褲），再靠搶眼的圍巾或首飾（稍後我們就會聊到首飾，別急）等配件來提升質感。剪裁簡單合身、沒有花樣的衣服就像是絕佳的空白畫布，可以盡情揮灑你的穿搭創意。還認為簡單的衣服單調嗎？大錯特錯！衣服越簡單，越能靠各式各樣的配件變化出無窮造型。

舉個例子，你有一件藍色的圓領棉質針織連衣裙，袖子和裙子的長度恰到好處。今天你可以配黃色圍巾和棕褐色帆布便鞋，隔幾天再穿，可以配紅色芭蕾平底鞋和金色領圍式項鍊。晚上要穿出去約會，換上裸色的跟鞋和有花樣的輕薄羊毛衫外套就行了。怎麼樣？沒想到有那麼多種搭配方式吧！而且這樣「中性」的洋裝可休閒可淑女，不容易出錯。

鞋子

鞋子無所不見；我們的祕密
在鞋子面前，無所遁藏。

——亞歷山大・梅可・史密斯
《豪華狩獵俱樂部》（The Double Comfort Safari Club）

你鞋子講不講究？如果不講究的話，我誠心建議你開始多花點心思在鞋子上。我不是要你學《慾望城市》的凱莉那樣，不惜血本狂買 Manolo Blahnik 高跟鞋，只是要你多關心腳上穿什麼鞋子。就如同我再三強調重質不重量，鞋子也要體面乾淨才好。根據我自己多年來的穿鞋經驗，還有陪外子（他從事鞋業）參觀過全歐洲的製鞋工廠後的心得，鞋子的品質至關重要。與其買個幾十雙或上百雙粗製濫造的鞋子塞滿鞋櫃，不如精挑細選幾雙做工精良、美觀舒適且耐穿的好鞋。

我買的第一雙高級跟鞋是 Ferragamo。我當時二十五歲左右，受夠了沒穿幾次就破破爛爛的鞋子，等到Ferragamo的年度拍賣，開著小車到比佛利山莊碰運氣。走進店裡的那一刻，高級感迎面而來，我不由得有點惶恐，覺得自己格格不入，畢竟我以前只在平價鞋店買過鞋子。幸好當時接待我的售貨員態度很親切，我試穿了一雙棕褐色的麂皮高跟鞋，是那種不會退流行的經典款，穿去上班或晚上約會都很適合。我穿著那雙鞋在地毯上走來走去，舒服到不知該怎麼形容，而且零售價打六折，我理所當然打包了。

事過境遷八年半，這雙鞋子仍在我的鞋櫃裡，沒有受到冷落。我換過一次鞋底，到現在還很好穿。我很珍惜這雙鞋，平常裝在防塵袋裡，小心不弄濕。這雙鞋雖然要價幾百美元，但長期來看絕對值得。要是我當初沒買，後來可能會多買好幾雙便宜但不耐穿的鞋子，結果白花更多錢。

值得投資的經典鞋款

- 黑色高跟鞋（麂皮、真皮或漆皮）
- 棕褐色或米色高跟鞋（麂皮、真皮或漆皮）
- 低跟鞋（適合保守的場合，或是需要行走一整天的時候；我的跟鞋大多是低跟鞋）
- 黑色皮靴（鞋跟高度視你喜好而定）
- 棕色皮靴
- 芭蕾平底鞋
- 適合開車穿的樂福鞋（又舒服又好看）
- 雨靴（雨季過後打折買很划算）
- 晚宴鞋（百搭的銀色或金色等中性色尤佳）
- 有跟的繫帶涼鞋（夏日晚宴用）

關於涼鞋的小心得

身為南加州人，我不知不覺成了平底涼鞋的行家。我每年會買一兩雙涼鞋，穿過一季大概就壞了，因為我會穿去海邊和公園這些地方。其他鞋子我會買經久不衰的高級名牌，但是涼鞋我會挑選中價位舒服的款式。你可以根據生活習慣來挑選適合的涼鞋價位和款式。別忘了，涼鞋也要盡量保持乾淨完整。穿露趾涼鞋時，一定要把雙足保養好看。

要一次湊齊值得投資的經典鞋款不太可能。如果今年只買到一兩雙，也別心急。請發揮自制力，千萬別衝動地掏出信用卡一次買光光。要是你今年的預算只夠買一兩雙，建議先買最百搭的經典鞋款，像是黑色麂皮低跟鞋，不論是穿去開會、看電影或出入高級餐廳，都不會出錯。經典鞋款最容易搭衣服了。

鞋子一顯得破舊，就該處理了。當修則修，不能修就丟。一雙爛鞋可能會毀了你精心打扮的整個造型。《Vogue》雜誌編輯黛安娜・佛里蘭（Diana Vreeland）最出名的事蹟之一，就是她的鞋子連鞋底都要細細擦亮。她有一句名言是：「鞋子不擦亮，堪稱是文明終結。」

「時尚夫人」的鞋子不多，但每一雙都是經典精品。她喜歡低跟鞋，從來不穿高跟鞋。平日她愛穿質感一流的平底皮鞋，鞋面大多帶有扣飾。我看過《每日郵報》的一篇報導，英國女王伊莉莎白二世恰巧也鍾情於類似的鞋款，一路穿了半個世紀。女王所喜愛的扣飾皮鞋，是由倫敦肯辛頓區的 Anello & Davide 鞋店以頂級皮革手工訂製而成，價格雖然高貴，但女王可不浪費，鞋跟磨損了就拿去換新繼續穿。顯然，女王並不在乎過不過時，一點也不受流行左右。她找到了質感好、舒服又好看的鞋子，就一門心思不變地穿下去。凱特王子妃也是如此，她常穿的 L.K. Bennett 裸色漆皮厚底高跟鞋（聽起來不怎麼樣，但這款鞋其實很美）也上了很多報導。看得出來凱特王子妃也很懂得精打細算，裸色這樣中性的顏色能搭配很多種服裝。經典設計永遠不敗！

圍巾

說也奇怪，有時候只是多加一條圍巾，整個人就有型了起來。還沒去巴黎寄宿在「時尚夫人」家之前，我只有一條大大的羊毛圍巾，那是因為清晨要去參加樂隊練習會冷才戴的。到了巴黎，我這才見識到法國女人有那麼多種漂亮的圍巾打法，不像我只是為了禦寒，她們的圍巾更是服裝造型的一部分。

如果你住在寒冷的地區，可能需要多收集幾條保暖用的圍巾換著戴。要是你住的地方不冷，也可以把圍巾當作時尚配件來穿搭。圍巾不必買太多條，多學幾種打法就能變換出不同的造型。

圍巾打法

- 基本式（Le Simple）：圍巾對折後掛在脖子上，一邊是圍巾的兩頭，另一邊是U形的洞洞。把圍巾的兩頭穿過U形的洞洞後拉緊貼近脖子，就這麼簡單！

・巴黎式（Le Parisian）：把圍巾展開後疊成矩形，拿到脖子前，一端順時針繞到脖子上，另一端逆時針再繞到脖子上，兩端結尾處綁一或兩個結固定。綁好後把圍巾弄鬆成你喜歡的形狀。

・吉普賽式（Le Gypsy）：把圍巾疊成一個大三角形，中間角朝下，另外兩角在脖子上繞一圈拉到脖子前打個結，這個結可以放在上面，也可以藏在圍巾底下，創造出「圍兜式」的波西米亞風格。

・藝術家式（L'artiste）：想給人家一種藝術家剛步出工作室的隨興感嗎？選一條稍有份量的圍巾，一端順時針繞到脖子上，另一端逆時針再繞到脖子上，兩端結尾處塞到脖子旁的皺褶裡藏好。這樣可以拉長脖子的線條，並且散發出藝術家不羈的氣質。

・淑女式（Le Lady）：把圍巾疊成三角形，像披肩一樣圍在肩膀上。兩端結尾處綁成一個結，剩下的部分再綁一個結，讓圍巾恰到好處的蓋住你的肩膀。我穿牛仔褲和T恤的時候，常常會應用這個圍巾打法，原本休閒的造型瞬間優雅升級。

・脖圍式（L'infinity）：如果沒有脖圍，可以把普通圍巾的兩端綁一個小結，將圍巾變成一個大圓圈，然後套頭繞兩圈，把打結的地方藏起來就好了。

・扭絞式（Le Twist）：一手抓住圍巾的一邊，兩手各自往不同方向扭，把圍巾扭成一股後，就像前面介紹過的「基本打法」那樣，將圍巾對折後掛在脖子上，把圍巾的兩頭穿過U形的洞洞即可。

・蝴蝶式（Le Butterfly）：把圍巾掛在脖子上，在脖子正前方略下面的位置打一個結。垂下來的兩塊部分，各捏住外側的那一角，拉到脖子後面綁一個小小的結，這樣圍巾在胸前垂墜的形狀就像蝴蝶的兩個翅膀一樣。最後，圍巾在胸前還有兩個沒綁的角，把這兩個角往內塞，調整出你喜歡的形狀。

包包與儀態

你每天揹的包包，最好每個禮拜清一次。包包太重會影響你的儀態。一個禮拜下來，我的包包會累積各式各樣的雜物：濕紙巾、一雙女兒的襪子、電子書閱讀器、發票、零錢、三支不同顏色的唇蜜、耳機……這還沒完呢，更奇怪的還有餅乾碎屑、樹枝（不要問我為什麼），以及掉了筆蓋的筆。定期清理包包，你就不會在手機響的時候，手忙腳亂地翻找包包（這毛手毛腳的樣子可不時尚）。至於包包裡的必備物品，應該是鑰匙、錢包、手機、零錢包、薄荷糖（常保口氣芳香）、面紙、連鏡粉盒、唇蜜以及洗手液。

首飾

關於首飾，香奈兒女士有句名言，她建議出門前拿掉身上的一件首飾，才不會過猶不及。發揮巧思，首飾能夠對服裝產生畫龍點睛之效。有些人喜歡乾淨簡單，永遠一副鑽石耳環配一條極簡的項鍊，也有些人偏好大膽搶眼，以多件首飾混搭出個人特色。不論你是大膽派或低調派，記得不要戴太多件，出門前請謹記香奈兒女士的智慧建議。配合服裝配戴首飾能夠讓造型更出色，享受搭配樂趣之餘，小心別過了頭。

睡衣

聊到這裡，你應該猜到我要說什麼了。沒錯！我要說的就是：「睡衣也要體面才行。」睡衣分很多種，諸如襯裙、睡袍、T恤式睡衣、襯衫式睡衣、運動式緊身睡衣等等，你對睡衣的選擇也能看出你的品味風格。我對睡衣很挑剔，就算是穿來睡覺的也講求優雅精緻，所以動物套裝那種睡衣不太可能出現在我身上。夏天我會穿套頭式的睡袍，冬天則是襯衫式睡衣。起床後，外面一定會再套一件晨袍（下一章會詳加說明）。晨袍我會盡量買可以穿很久的高級品，一年大概只買一件新的。洗的話，我會用冷洗精清洗，而且有些材質必須晾乾而不能烘乾。當然啦，你的睡衣不見得要跟我的一樣，你可能喜歡性感一點的款式，或是印有艾菲爾鐵塔的亮粉色襯衫睡衣。不論你愛好什麼樣的風格，趁睡覺的時間秀出來吧！

為什麼要在乎睡衣體不體面呢？因為要成為一個體面的人，展現出自己最好的一面並不分白天黑夜，即使睡著了也不例外。從青少年到大學時代，我們隨隨便便拿四角短褲和寬鬆的演唱會紀念品T恤當睡衣。雖然說成年人還是能穿童趣的睡衣，但是我們可以從睡衣看出一個人對自己的尊重程度。睡衣也是個人品味的一部分，穿上體面的睡衣，更能證明你培養儀態的心態正確：你不是做給別人看的，而是為了讓自己活得更好而改變。

晨袍

格蘭特罕伯爵：我今天晚上差點就穿晚宴外套下來了。

太伯爵夫人：噢？真的嗎？那你怎麼不穿晨袍下來？或是乾脆連睡衣都別換了。

——影集《唐頓莊園》（Downton Abbey）

前陣子我和女兒一起看了《長襪子皮皮的新冒險》（The New Adventures of Pippi Longstocking）。重溫這部一九八八年的電影，喚醒了我兒時的諸多回憶。看到皮皮的鄰居湯米和安妮卡這對小兄妹，因為晚上聽到皮皮家發出奇怪的聲音，而決定出門一探究竟的片段，我忍不住會心一笑。湯米和安妮卡輕手輕腳地爬下床，準備偷摸出門看看怎麼回事……我看到這段會想笑是因為，這對兄妹即使心急，還是不忘在睡衣外面套了晨袍才出門。

晨袍能夠遮住睡衣，得體又好看，但現在似乎不怎麼流行，畢竟這是個穿法蘭絨睡褲出門已蔚為潮流的時代。我昨天在街上散步，看到一個女人穿著睡衣走在人行道上。我止不住納悶，她看起來不像是忘了帶鑰匙被鎖在門外，也不像是家裡著了火急忙逃出來的。她一派自然的……穿著睡衣出門辦事。我實在不敢想像自己在大庭廣眾之下穿著睡衣，那感覺就像是做了惡夢，夢到自己出門逛街逛到一半猛然驚覺自己沒穿褲子！

女兒的育幼院一年會辦一次睡衣日，她們很喜歡這一天，因為和所有同學一起穿睡衣上學特別新鮮。有一次睡衣日放學後我接她們回家，走在路上遇到一個在遛狗的女人，對方誇獎她們打扮得很可愛。女兒很高興地告訴對方今天是學校的「睡衣日」，說完這句話，場面已經有點僵了，偏偏女兒又接著問：「今天也是妳的睡衣日嗎？」是的，就是這麼巧，我們在正中午遇到了一個穿睡衣出門的人。我當下尷尬得不知道該如何是好，只能匆匆祝她今天有個美好的一天，然後在「maladroit」這個字（法文的「尷尬」）還沒說完的時間裡迅速閃人。這下你知道晨袍有多重要了吧！一件晨袍就能完美化解此等窘境，藏住睡衣之餘又能顯示品味。

晨袍能起到「保暖」和「得體」雙重作用。「時尚夫人」每天都穿晨袍，冬天穿拉鍊式絎縫長袍，夏天穿和服式罩袍。說真的，我根本沒看過「時尚夫人」的睡衣長什麼樣子，對她來說，露出睡衣太過不體面了。如果你的睡衣特別輕薄透明，起床後請務必套一件晨袍。小孩子並不會想看到穿著性感襯裙的媽媽，家裡的客人也不會想看到女主人的這一幕。去別人家過夜也一樣，如果你穿襯裙式的睡衣，外面一定要套一件晨袍，這樣不管有人突然來你房間或是你臨時要去廁所，都不會顯得失禮。不過，也不是所有睡衣都得加晨袍才行，至少襯衫式或休閒服式的睡衣不用，除非你要偷溜去廚房拿點消夜，外面加一件袍子會多點安全感。

晨袍不必多備，一兩件就夠了。加一件晨袍，你夜晚的造型更完美！

特殊場合穿搭方針

看場合穿衣服，是儀態的一部分。穿對了衣服，你會感覺特別自信自在。以下是特殊場合的一些穿搭訣竅。

去巴黎（或任何城市）觀光

夏季炎炎，你可能會想出國度假。雖然是一趟放鬆之旅，但你並非要去海邊，而是去某個文化或商業重鎮觀光。像這樣的地方，有儀態的人會穿上體面的服裝，表現出對當地的尊重之意。一雙好走路的鞋子是絕對必備的。如果你覺得網球鞋走路最舒服，穿它去度假也沒什麼不可以，不過市面上還有很多兼顧舒適與時尚又適合走路的平底鞋可以選擇。夾腳拖鞋則不在此列。穿夾腳拖走上一個小時，腳很快就會髒兮兮的。T恤、運動鞋、腰包和棒球帽也不在推薦之列。天氣熱的話，穿一件漂亮的洋裝，或是合身的短褲配涼爽的上衣，同樣方便活動但時尚得多。或者，試試具有當地特色的造型也很不錯，說不定會被誤以為是當地人呢！另外要注意的是，如果要在外面逛上一整天，一定要帶一件外衣，以免早晚溫差大著了涼。準備出遊的服裝是很有趣的一件事。你可以調動你的審美眼光，從舒服的衣服裡面盡可能挑出時髦的搭配，也可以事先研究當地的服飾風俗，照著打扮看看，像是學巴黎女人圍個絲巾，或是像優雅的義大利女士一樣把毛衣披在肩上。所謂入境隨俗，效仿當地人的打扮是體驗當地風俗、尊重當地文化的最佳表現。

參加婚禮

一般來說，參加婚禮最好不要穿白色的衣服，除非新人在請柬或邀請函上面另行要求。優雅有品味而且不暴露的洋裝是最安全的選擇。裙子切記不要太短，領口也不要開太低。帽子或頭飾可以視場地狀況配戴。鞋子也是，如果婚禮場地在海灘或花園，高跟鞋可能不太方便。以下是簡單的婚禮著裝小指南：

- **正式服裝或黑色領結：**優雅的及地長禮服或高雅的雞尾酒小禮服皆可。這樣的正式禮服非常適合濃豔一點的晚妝和有分量感的首飾，完全不必擔心太誇張。
- **雞尾酒小禮服：**晚上可選深色，白天可選淺色。穿上雞尾酒小禮服，配上高跟鞋和精緻特別的首飾，再做一個漂亮的髮型就很完美。請注意，禮服可以性感，但是不要過度暴露。低胸或迷你裙都很不恰當。
- **優雅便裝：**除了雞尾酒小禮服或合身的套裝，別緻的上衣加裙子加高跟鞋也是不錯的選擇。如果覺得不夠隆重，梳個髮髻或是燙個好萊塢復古波浪捲，在髮型上面多花點心思就行了。
- **海灘婚禮：**背心裙或連身長洋裝搭配平底涼鞋，像這樣的波希米亞風裝扮最適合海灘婚禮了！頭髮可以全部放下來或綁個公主頭，耳後再配戴鮮花。化妝方面，以適合白天的自然清新妝容為佳。

- **便裝：**即使是著便裝即可的婚禮，最好還是打扮得特別一點。穿一件背心裙或是休閒一點的套裝（裙裝或褲裝皆可），再化個講究一點的妝就很合適了。

參加喪禮

喪禮服裝應選黑色、海軍藍或其他暗沉的顏色，款式宜莊重，不宜暴露。太花俏、太短或太低胸都不妥，牛仔褲太隨便也不恰當。總之，盡量保守為上。

上劇院看表演

藝術家在劇院的表演是他們的心血結晶，值得我們盛裝以示尊重。不論是芭蕾舞、歌劇、交響樂或當地劇團的小表演，穿得隆重一點準沒錯。穿著夾腳拖和破短褲（希望你的衣櫥裡根本沒有破短褲！）晃進鼎鼎大名的桃樂絲錢德勒（**Dorothy Chandler**

Pavilion）音樂廳，光想像就知道有多尷尬了。你的直覺會告訴你該怎麼穿才對。比方說，與當地劇團在社區中心的表演相比，去看一場芭蕾舞開幕首演可能需要多費點心思打扮，或者是在普通的服裝上加點特別的裝飾也可以。下班後如果要去看一場藝術展覽，塗個口紅、披上披肩，或是換一副耳環，就能有別於白日的造型，顯現出你因為要參加一場盛會而盛重其事。還有一個聰明的方法，先把衣櫥裡適合上劇院的基本單品找出來，再看看有沒有什麼額外單品（或其他方法）能巧妙增添華麗感。多設計幾套造型，有備無患，下次看表演就知道怎麼穿了。規劃你的精品衣櫥時，別忘了考慮準備一些華麗的額外單品。說不定你會因此更有動力上劇院看表演呢！

宴會、盛事

每個女人的衣櫥都該額外準備幾件特別的華服：晚上去約會或上劇院看開幕表演可以穿的百搭黑色小洋裝，適合婚禮或週年紀念派對的漂亮絲質洋裝，又或是節日宴會或慈善晚會不可或缺的雞尾酒小禮服。如果你經常需要參加一些隆重的活動，不妨根據場合設計幾套造型。同一件洋裝多穿幾次沒關係，我們可以學習凱特王子妃，重複穿同一套衣服，但是換上不同的配件和髮型，感覺就截然不同。如果你有注意我在社交媒體上的活動照片，就會發現，我的華服來來去去就那幾件，只不過配件妝髮有所不同。基於工作需要，我要參加的特別活動不少，包括現場演講或上電視發表時尚評論，再加上我是藝文活動愛好者，所以衣櫥裡少不了幾套比較華麗的洋裝。

關於褲襪

基本上，褲襪最好是看不出來有穿，要不就選當作造型部分的不透明緊身褲。褲襪可說是歷史悠久。與你膚色貼近的「裸色」透膚褲襪，可以蓋住醜醜的瘀青、抓痕或腿毛，讓腿上的肌膚顯得勻稱緊緻。聽起來很棒吧。忘掉八〇年代那些詭異的裸色褲襪吧！現在的褲襪顏色分得很細，一定能找到最接近你膚色的裸色。如果不喜歡裸色，選黑色透膚或黑色不透明的褲襪也很不錯。

日夜造型變化

下班後來不及換裝，又得趕著去約會，想要快速轉換日夜造型，變換配件無疑是最巧妙的方法。有一些小技巧可供你參考：

- 把平底鞋換成高跟鞋。你可以在包包裡多帶一雙高跟鞋，或是多放一雙在辦公室。
- 把白天的首飾換下來，改戴風格更適合夜晚的首飾。
- 換個濃豔一點的口紅顏色，或是加深眼影顏色。
- 把圍巾改當作披肩，披在肩膀上。
- 把漂亮的洋裝穿在裡面，外面罩一件夾克或羊毛外套。出去玩的時候，把外套脫下就行了。

衣服不僅僅是用來蔽體的。請不要以為穿什麼衣服不重要。我們選擇什麼樣的服裝，這些服裝營造出什麼風格，都應該是出於我們深思熟慮後的結果。我們穿在身上的衣服透露出許多與我們有關的訊息，包括我們的心境，以及我們對生活的熱情。穿著邋遢的人，就會給別人留下邋遢、不起勁的印象。相反地，不論處境如何總是用心把自己打扮體面，從而表現出個人風格的人，好看之餘，還展現出了儀態風度。

Lesson
4

容光煥發的梳理技巧

GLORIOUS GROOMING

梳理得宜，是好不好看的一大關鍵。蓬頭垢面是不可能有什麼儀態的。如果你梳理得當，代表你愛惜自己，而且你值得別人的珍惜與關注。唉，看著現在有那麼多女人頂著一頭亂髮，穿著沾滿狗毛的舊運動服，手上幾個禮拜前擦的指甲油早就斑駁了也渾不在意，梳理這件事儼然成為失傳的藝術，殊不知這其實是生活的基本技能啊！

梳理要做得好，不能忽略外表的細節之處。如果你能夠堅持日常基本梳理，不管日子再怎麼不順或你的睡眠有多麼不足，你還是能以乾淨又體面的容貌示人。

頭髮

關於頭髮，首先你要剪一個適合自己生活方式的髮型，其次你要制定保養的方法與時間。如果沒空整理，卻接髮把頭髮弄得老長，無疑是自找麻煩。要是生活忙碌，俏麗的短髮整理起來會輕鬆得多。「時尚夫人」不耐煩花大把時間吹乾頭髮，所以她永遠是一頭極短的巴黎式鮑伯短髮，連帶女兒也留一樣的髮型。如果你平常不太會弄髒頭髮，而且像我一樣不需要經常洗頭（一個禮拜平均洗兩次），留長髮就沒什麼問題。每個禮拜，我會特意為洗頭的那兩天空出吹頭髮的時間。我還想出了一套省時的頭髮整理方法，花一點點時間，就能維持一頭漂亮的髮型。我也常在 Instagram 上面發表獨家的「頭髮不乖急救法」，這些技巧非常方便實用，相信所有女人都用得上。

你的頭髮你最懂，就算是你的髮型師也不如你清楚，因為他們不可能掌握你的生活行程。只有你自己知道早上有多少時間弄頭髮、平均多久洗一次、要怎麼分邊，以及心目中的理想髮型是什麼樣子。不管你留什麼髮型，總之一定要乾淨整齊，不要遮住眼睛和臉。如果你有染頭髮，記得要定期回髮廊補染髮根。頭髮最好每隔六到八週修剪一次。

你可以事先準備幾個短時間就能弄好的簡單髮型，一旦遇到特別忙碌、身體不舒服或是頭髮不乖的日子，就能派上用場。上YouTube可以找到許多頭髮造型教學，我的頻道上面也很多。

還沒決定好要弄什麼髮型前，先用一把好梳子把頭髮梳順就對了。不論是要把頭髮放下來、綁成馬尾或紮成包包，每天只要花一點點時間梳頭髮，簡簡單單就能讓你的儀容更有魅力。

免燙隔夜捲髮

我懶得把頭髮吹乾的時候，就會來這一招：睡覺前，把頭髮反覆梳順，確認沒有打結後，均勻噴上清爽型的髮膠。接著，把頭髮分成兩邊，各自以法式魚骨編編成辮子，髮尾盡可能全部編進去，最後綁上橡皮筋固定。這樣就可以去睡覺了。隔天起來，把辮子拆開來，不必用電棒燙就有一頭自然的捲髮。

快速時尚整髮術：

- 把頭髮來個大側分（與平常的分邊相反），用噴了少許髮膠的梳子往下梳，綁成一個低馬尾（取一小束頭髮在橡皮筋上繞幾圈，再用小黑夾固定住，遮蓋住橡皮筋），或是紮成一個包包，把零亂的髮尾藏好。這個大側分髮型的好處是，不會有亂翹的小雜毛。
- 說到亂翹的小雜毛，有個小技巧可以不讓它們作亂。準備一支新牙刷（往後專門用來梳頭髮），在上面噴適量的髮膠，然後用這支沾了髮膠的牙刷把小雜毛往下梳即可。耳朵前面的鬢角用這招就能服服貼貼。

- 試試復古公主頭吧！把頭髮分成上下兩股，上半股頭髮往後梳攏到後腦勺中央，扭轉四次，再用小黑夾以十字型夾法固定住。有需要的話，可以噴一些髮膠。
- 馬尾垂垂沒精神，可以用小黑夾往上托。先把頭髮往後梳，用橡皮筋綁一個高馬尾，然後把馬尾往上翻，在橡皮筋底端夾兩根小黑夾，記住，有彎度的那一面夾在頭髮裡面，才能把馬尾撐高。

指甲

不管有沒有上指甲油，指甲的重點在於乾淨。並不是所有女人都喜歡指甲彩繪，有些人覺得健康的裸甲才好看。如果你喜歡指甲上面有顏色，建議你學會自己在家做美甲。就算你有財力每週上一次美甲沙龍，最好還是學一下怎麼塗指甲油，這樣你隨時都能修補剝落的地方。當指甲油顏色變淡或開始剝落時，就該卸掉。剝落的指甲油比沒有塗指甲油還醜。如果你從事服務業或零售業，手常常會被客人看到，指甲的修整規定可能會比較嚴格。還有，去面試或需要給人家留下好印象時，不管有沒有塗指甲油，指甲一定要清理乾淨。

我以前習慣到美甲沙龍做手指甲和腳趾甲，大概每兩週去一次。我當初覺得指甲沒辦法自己做，尤其是腳趾甲，怎麼弄都沒有美甲師弄得好看。後來當我需要縮減每個月的預算時，美甲費用是我最先刪掉的開支。

我在 YouTube 上看到電視明星羅・博斯沃思（Lo Bosworth）的一段影片，她說從來沒給專業的美甲師做過指甲，都是自己來，就連要上紅毯也一樣！這實在是讓我非常驚訝。有時候身邊沒有榜樣，我們就很容易不思進取。我當時被激勵到了，既然她連上紅毯的指甲都能自己做，我又有什麼不能。經過許多練習之後，我不得不驕傲地說，我的美甲能力已經媲美沙龍等級了！

即使不塗指甲油，指甲還是需要護理的。千萬別讓指甲留得太長或是長短不一。有必要的話，先用指甲剪修剪指甲，再用銼刀磨滑邊緣。銼刀是居家旅行必備小物，指甲一有斷裂就需要用到。至於腳的保養，腳跟和腳掌的硬繭要記得定期磨掉，乳液要天天擦，免得腳後跟乾裂。每週至少一次，在上床睡覺前為雙腳塗上厚厚的乳液，再套一雙厚襪子入睡，這樣隔天起床腳上的皮膚就會特別水潤。

眉毛

有什麼方法可以瞬間讓人變漂亮？答案是修眉毛！把眉毛「清」出漂亮的形狀，可以完美地襯托你的臉形，讓整張臉一下子亮起來。我至今仍不明白為什麼只要拔掉區區幾根毛，就能達到這麼神奇的效果，但真的百試百靈。如果你以前沒修過眉毛，或是拔眉毛的方法不正確，尋求專家協助是最穩妥的方法。流行的眉型隨世代而變，想想三〇年代默片裡女明星細細高高的眉毛，再想想布魯克·雪德絲（**Brooke Shield**）或卡拉·迪樂芬妮（**Cara**

Delevingne）的粗眉毛吧！我的建議是，眉毛千萬不要修得太細，自然健康的眉型最能修飾你的臉。要是拔得過多，就怕以後長不回來。話說到這裡，為什麼我們身上其他地方的毛（咳，到底是哪裡我就不多說了）就偏偏怎麼拔都長得回來呢？

修眉毛的方法有很多種，包括用夾子夾、用線挽、用蠟除等等。我家附近有一家挽眉毛的沙龍，他們的美容師超厲害的，我都是去那裡修眉毛。我的眉毛長得很快，每次去我只要求「清乾淨」，反正早就沒形狀了，也沒辦法照著修。他們會順著我自然的眉型把多餘的雜毛挽掉。眉型變得清楚後，整張臉也會跟著乾淨清爽起來。

如果要自己修眉毛，務必先找到眉頭和眉尾。先從一邊的眉毛開始，拿一支筆直立在臉前，把筆尾貼齊鼻孔外側，筆頭垂直對到鼻梁根部。這一邊眉毛的起點，以筆頭在鼻梁頂端的位置為準。眉峰的高度，同樣是把筆尾貼齊鼻孔外側來量，只不過這次筆頭角度不是垂直，而是往外扇到眼睛虹膜的位置（眼睛一定要朝正前方看）。筆頭碰到的眉毛處，就是眉峰的最高點，底下多餘的眉毛可以用眉夾拔乾淨。至於眉尾，則是把筆尾貼齊鼻孔外側，筆頭往外扇到眼尾，這條斜線往上延伸，碰到的眉毛處就是眉尾。另一邊的眉毛也依樣畫葫蘆即可。最後，修眉毛的時候要是發生失誤，最好盡可能耐心等到眉毛長齊，再找專家幫你處理。

除毛

除毛是許多女人打理儀容時，最慘痛的一件事。眉毛那麼難長，為什麼腿毛、腋毛、比基尼線的毛還有上嘴唇的毛，偏偏就是野火吹不盡，春風吹又生呢？唉，事實就是如此，我們只能想辦法打理好這些地方的毛髮，畢竟儀態藏在細節裡。

身體上的除毛方法也是五花八門，用蠟除、刮除、線挽、漂白及雷射，族繁不及備載。不知道要選擇哪一種方法時，可以根據自己的預算、怕痛程度、想要長期或短期效果來決定。市面上的所有方法我幾乎都試過了，雖然還不能「常保無毛」，但我很樂意與各位分享心得（這一切犧牲都是為了時尚啊）。

我的腿毛是用刮的，眉毛用線挽，至於上嘴唇、腋窩和比基尼線，則是用雷射除毛。這是最適合我的一套除毛方法。以前我是用蠟來除比基尼線、腋下和上嘴唇的毛，痛就算了，最討厭的是三不五時就得重做，所以這些煩人的部位我決定花錢做雷射除毛。雖說雷射也不是一勞永逸，但可以有效抑制毛髮生長，起碼可以隔久一點再處理一次。腿毛的部分，我會用剃刀加女士用刮毛泡沫，大概一個禮拜刮三次。眉毛則是每隔三到四週去給人家挽一次。好啦，交代得夠清楚了吧？至於你該怎麼選一套適合自己的除毛方案，端看你的荷包和精神的承受能力如何囉。

牙齒

我每次到美國之外的國家旅遊，常聽到別人說「美國人牙齒」如何如何。納悶之下，我問了一位英國友人：「美國人牙齒是什麼意思？」對方回答：「整齊潔白又閃亮！」好吧，姑且當作是誇獎好了。美國人確實對牙齒滿講究的，我小時候就為了一口「美國人牙齒」斷斷續續戴了八年的牙套，千辛萬苦才矯正了我的歪牙缺齒和齙牙（現在我很感謝父母，但是當時只覺得苦不堪言）。牙齒整齊是好事，不整齊也無傷大雅，只要乾淨健康就足夠美觀。根據美國牙醫協會的建議，每天至少要刷兩次牙齒，而且每晚都要用牙線剔一次牙。

想讓牙齒潔白如珍珠，現在有很多種牙齒美白方法——藥局有各式各樣的牙齒美白產品，不怕貴的話也可以選擇牙醫診所的牙齒美白療程。我自己的牙齒保健之道是，盡量不讓前牙碰到蘇打水、葡萄酒或咖啡。如果你跟我一樣睡覺會磨牙或是舌頭會伸出來頂住牙齒，入睡前不妨戴上睡眠（或全天）用牙齒維持器，這樣能有效預防牙齒缺損或歪曲。最後，不管你的牙齒好不好看，都不要害怕露齒微笑。有儀態的人不會吝惜露齒大笑，自然真心的笑容才能夠讓自己和別人都感覺愉悅。

香味

「擦香水還是不擦香水？這真是個大哉問。」我個人是香水的愛好者，我覺得每個人身上都應該有一兩種代表性的香味，讓別人一聞見就想到你。我選擇的兩款代表性香味，是Jo Malone的「黑莓子與月桂葉」以及Stella同名女香。當我想要清淡微妙的香味時，我會只抹有香味的身體乳。如果覺得香味不夠濃，我會再補擦點香水，要不就是只擦香水不抹乳液。擦香水總是讓我心情好，而且我很好奇為什麼不同的人會受不同香味吸引；比方說，你自己喜歡花香調，你的朋友喜歡清新的柑橘調，你的鄰居喜歡木質辛香調，而你的姊妹則喜歡更富於森林氣息的草本調……你想過為什麼嗎？或許，你喜歡什麼樣的香味，是因為它接近你的個性。浪漫女性化的可能會迷戀帶有玫瑰和丁香的花香調，波希米亞風格的或許會偏好廣藿香、胡荽或木質香味，運動型的大概會喜愛清新的柑橘調或海洋氣息。

不過，噴香水的時候請記得要顧慮旁邊的人。我有一位演員好朋友，她一聞到香水味就會頭暈想吐。有一次她去參加一場頒獎典禮，在洗手間遇到了另一位女演員，對方正在鏡子前面噴香水。那位女演員一看到我朋友立即上前熱情擁抱她。這是一個親切友善的舉動沒錯，但是我可憐的朋友等於被迫擦了別人的香水，後來整個晚上都頭暈得要命。

如果要和別人長時間近距離同處一室（例如搭長途車、搭飛機或是在教室裡），不擦香水或是只擦淡淡一點香水才是有禮貌。我不太確定「時尚夫人」有沒有自己的招牌香味，因為我從來沒有靠她靠得那麼近，所以聞不到。但也有些人香水噴得超濃，大老遠人還沒走近，香水味就飄過來了。我只能說這就太過度了。請記住，當你噴上香水後，味道會因為你鼻子習慣了而不明顯，但它其實還在，所以不必噴太多。

禮貌小提醒

香水和嬰兒

探視新生兒的時候，香水千萬不要噴太濃。濃郁的香水味對小嬰兒來說，嗆得和炸彈沒兩樣。小心別好心辦了壞事，害得小嬰兒狂打噴嚏而猶不自知。

化妝

呈現出自己最好的一面，是培養儀態的重要環節。這當中的祕訣在於，盡可能呈現出「自身的優點」，而不是把自己藏在厚重的妝容之下變成另外一個人。有儀態的女人化妝是為了修飾和突顯自己的自然美。鮮豔的唇色或濃厚的煙燻妝當然也很有趣，可是化到認不出來是誰就失去意義了。當你看到一個有儀態的女人時，你會注意到她的自信、自然，待在她身邊感覺特別舒服，她的魅力就像磁鐵一樣神奇。總而言之，有儀態的女人在外表上絕對不會遮遮掩掩的。

你曾去過百貨公司給彩妝師上妝嗎？我每次看到一臉濃妝的彩妝師，就很擔心她把我也化成那樣。說到儀容方面的儀態，如果別人第一眼看到你只注意到你臉上的妝，那其實挺失敗的。我並不是要把濃妝或最新流行的妝容一竿子打翻，我們還是可以嘗試新的化妝技巧，但是重點應該放在如何靠化妝「讓眼睛更有神」、「打亮顴骨」，或是「讓笑容更有魅力」。下次想試驗新的妝容時，請務必記住這一點。如果不是要參加明星仿妝大賽，那麼化妝的重點就應該放在美化自己原有的輪廓。你獨特的自然美才是你最動人的地方。別讓誇張的假睫毛擋住你的眼睛，別讓深色唇線害你的笑容黯然失色，也別用太多修容步驟掩藏住你的顴骨。不要害怕改變，有必要的話，把以前的化妝方式完全推翻重來。在培養儀態的過程中，我們必須不斷跳出我們的舒適圈，積習再久都要改變。

「時尚夫人」的美妝哲學以「裸妝」為中心，這是一個能天天快速完成，而且出門見人不失禮的簡單妝容。我數不清有多少次慶幸自己學會化裸妝。就算出門快遲到、精神不佳，或是計畫臨時有變，再緊急我都能快速整裝出發，因為早上已經花了幾分鐘化好一個漂亮自然的裸妝，所以我隨時都不怕見人。別誤會，我非不化妝就沒自信，只不過化妝就像穿上漂亮衣服一樣，多少能鼓舞我的士氣。

我的五分鐘快速裸妝

做完保濕和防曬步驟後，我會取一點飾底乳、ＢＢ霜或粉底，用手指或美妝蛋輕拍到臉上。黑眼圈則用增亮遮瑕膏來遮蓋，其他瑕疵部位（例如曬斑）會視情況用全效遮瑕膏做局部遮瑕，然後全臉再用粉底定妝。彩妝的部分，我會用眉粉修補眉毛，刷上酒紅色（最能襯托我綠色眼睛的顏色）的睫毛膏、再於顴骨刷上腮紅，最後塗上唇蜜就大功告成了。

這個妝容花不到五分鐘就能完成。你也可以為自己設計一個五分鐘的快速裸妝，拍照比較「妝前」和「妝後」的差異如何，看看自己需不需要天天化這個妝。或許你總是素顏，也不覺得自己有必要化妝。曾經有個女大生問我，她沒化過妝，不知道自己該不該開始化妝。我回答她：「不需要，等你想化再化就行了。」有些女人天生麗質，素顏就很漂亮。我也認識一些這樣的天生美女，她們何其幸運啊！

當然啦，我的裸妝也不總是千篇一律。假如有時間或有心情，我會多化個眼影和眼線，但前提一樣是必須自然不厚重。

有儀態的人之所以具備「je ne sais quoi」（難以言傳）的魅力，「對自己的容貌感到自在」是很大的一個因素。皮膚保養不可輕忽（稍後會詳加說明），可是不管我們再怎麼努力，有時候就是無法阻擋年齡老化、曬斑、賀爾蒙失調或失眠等不可抗力對皮膚的影響，這時候就得上粉底了。只要選對粉底，就能解決很多問題，讓你的膚色勻稱無瑕。

不同類型的底妝

ＢＢ霜。ＢＢ是美容霜（Beauty Balm）的縮寫，是多效型的精華乳液，因為它能一次完成多道保養步驟，現在越來越受歡迎。現在市面上的ＢＢ霜大多含有防曬、抗老、保濕和除皺等成分，甚至還能夠修飾膚色。如果我急著出門，或是當天沒有什麼特別的事，ＢＢ霜是我的保養兼美妝首選。

飾底乳。如果你不喜歡厚重的粉底，飾底乳是很不錯的替代品，它能稍微修飾膚色，而且含有ＳＰＦ成分，不過它並不能完全蓋住疤痕或暗斑。

粉底液。說到遮瑕能力最強的底妝產品，還有什麼比得過行之有年的粉底液。當然啦，一定要選品質好的產品才行。粉底液分輕透型和強力遮瑕型，可以根據需要的遮瑕程度來挑選。粉底液的品牌有上千種，種類也五花八門，買之前最好先諮詢彩妝專家或親身試用。請專家幫忙挑出最接近你膚色的粉底液，上起來才能與膚色完美融合。如果我有特別的活動，有人要幫我拍照，或是需要維持一整天不脫妝，我一定會用粉底液。

礦物粉底。如果你是敏感性膚質或是偏好天然成分的化妝品，礦物粉底就很適合你。礦物粉底大多是粉狀的，上妝時通常要用到粉底刷。礦物粉底能夠創造完美的裸妝感妝容。

上妝方式

不同的底妝產品有不同的上妝方式，你可能要用到手指、化妝刷具、海綿或美妝蛋。如果要用美妝蛋之類的化妝工具，記得先把它弄濕，然後把粉底點在臉上，再用美妝蛋以畫圓的方式把粉底推勻。或者，你也可以把粉底液擠在手背上，用濕的美妝蛋沾取粉底液，再上到臉上。如果對高科技的化妝方式感興趣，可以試試彩妝用的空氣噴槍。這種家用型的化妝工具能夠創造完美無瑕的底妝效果。把少量粉底液放入噴嘴裡輕輕噴到臉上，就能精準上好均勻的底妝，妝感特別自然。我之前上電視和拍照，曾有彩妝師用空氣噴槍幫我化妝，成果每一次都很令人驚豔。空氣噴槍保養起來比較麻煩，而且每次用過都要清一次。至於刷具和海綿，則是每隔幾天要用專用清潔劑清洗一次。

持久定妝

不論你化哪一種底妝，如果想要延續一整天不脫妝，可以選擇先以妝前乳打底，或是妝後用定妝噴霧定妝，這兩種方法都有助於延長妝效。

皮膚保養

學會了化妝，確實能讓你的臉看起來完美無瑕，但要是能把臉上的皮膚照顧好，豈不是事半功倍？皮膚是需要保養的。壓力、節食、不當的抽菸和曬太陽、荷爾蒙失調、失眠、咖啡因攝取過度……會造成皮膚出狀況的因素數之不盡。這正是為什麼我們需要培養儀態：唯有從心態上做到從容不迫，我們才能雲淡風輕地面對層出不窮的生活壓力（本書後半部會再詳加解釋這一點）。相信我，你的皮膚會因為由內而外的保養而容光煥發。開始在意自己吃的食物後，油膩的垃圾食物自然無法誘惑你。你會懂得放慢白天的步調，把心思放在真正重要的事物上。你對自己有足夠的信心，不會因為事情不順就惶惶不安。過去會害你心神不定形容枯槁的事情，現在完全可以平常心來看待。內在保養好了，接下來的外在保養也不容忽視。

請根據你的生活習慣，制定一套合適的保養行程。基本上，記得早上洗臉不要過度清潔（我只用溫水潑臉，化妝前擦上乳液和SPF防曬產品……這就是我的肌膚保養首要祕訣），晚上卸妝要徹底。我會先用卸妝棉和眼唇專用卸妝液來卸妝，接著用洗面乳洗臉，最後去角質。你可以針對自己的膚質，挑選合適的保濕乳霜、眼霜和護唇膏。另外，請定期找時間做臉部美容（自己做或給別人做都行）。確保睡眠充足（早睡早起身體好）、多喝水、遇到挫折時深呼吸、懂得在忙裡偷閒發發呆，這些都對皮膚有好處。

儀容要得體，適當的梳妝打扮是不可或缺的。我們可以從一個人的外表，判斷出他是否善待自己、尊重自己的形象。願意花時間仔細照顧自己，這是有儀態的人的重要品性之一。

Lesson 5 舉止有禮

DAPPER DEPORTMENT

「儀態」是一個人的外在形象。品味、服裝儀容和妝容，這些都是影響外表的重要關鍵。但我們在別人眼裡是什麼樣子，還有一個最重要的影響因素，那就是我們的舉止。所謂「舉止」，是指「一個人顯露於外的行為、站姿或動作」。即使穿得再怎麼時髦、頭髮做得再怎麼漂亮，要是舉止粗魯不雅，我祖母只會說這種人是「老黃瓜刷綠漆」，光會在外表上「裝可愛」罷了。

姿勢

優雅經常流於外在皮相、時尚這些缺乏深度的東西上。
這是嚴重的誤解：優雅應該體現在一個人的姿態上，
因為優雅這個字眼意味的是高尚的
品味、風度、中庸及和諧。

——保羅．科爾賀（Paulo Coelho）

「姿勢」是身體上的儀態，是身體的語言。當你覺得疲倦困頓、心情挫敗或焦慮難安的時候，你不必多說，別人或許就能從你的姿勢看出來。

試著觀察自己面對緊張狀況時的身體反應吧。你是不是會駝背，肩膀往內收，脖子往前伸，核心肌肉整個收縮起來？發現自己有這種身體反應時，記得提醒自己恢復儀態，放鬆全身的肌肉，深呼吸釋放壓力，把肩膀放下來，頭抬高。把姿勢修正回來，你會感覺到儀態的力量，克服困難的勇氣也會隨之而來。

不過，你只有在緊張的時候才會姿勢不良嗎？駝背也可能是因為每天對著電腦一坐好幾個小時的結果。我在高中樂儀隊演奏的是重量不輕的薩克斯風，它的背帶會壓得我的脖子不自覺往前伸。時至今日，我還沒完全戒掉當初養成的姿勢，經常得努力克制自己別再伸著脖子。

我們最好能時時對自己的姿勢產生自覺。如果你長時間坐著打電腦，請記得每隔一段時間站起來，手臂往後伸展，這樣多少能矯正駝背。工作時，記得提醒自己坐正。不論做任何事，都要注意到自己的姿勢，觀察自己有什麼壞習慣。比方說，你是不是一覺得累，全身就垮下來？你是不是一緊張就呼吸急促，肩膀往內聳起來？只要意識到這些壞習慣，請立刻做個深呼吸，集中精神矯正自己的姿勢。

用餐時的姿勢尤其重要。以端正的姿勢用餐，食物也會變得更美味。不信的話，吃晚餐的時候駝背看看，你會發現胃部像是被壓住般的難受，食物全部擠在裡面。我自己就常常在晚餐時犯這個毛病，因為工作、煮飯和打掃很累，吃飯時只想癱在椅子裡休息一會兒。

可是這樣是不對的，如果你不坐正，會很容易忽略自己吃了什麼，吃了多少。當你坐正之後，你會更有跟人聊天的心情，用餐的格調也瞬間提升。不只如此，你優雅的用餐儀態還會成為家人眼中的好榜樣。

好姿勢帶來的意外好處

今天要穿什麼衣服？孩子調皮怎麼辦？晚餐怎麼吃？每天有那麼多事情需要判斷，但只要擺出正確的姿勢，你自然而然會做出更正確的決定。早上站在衣櫥前挑選服裝時，如果你抬頭挺胸，應該就不會選寬鬆的運動褲，而會想要穿得漂亮一點，好襯托自己優雅的姿態。當孩子的行為特別失控時，如果你保持良好的姿勢和緩慢的呼吸，比較能平心靜氣的管教孩子。你的姿勢會提醒你自己，你是個成熟有智慧的成年人，處理方式也應該成熟有智慧。就連饞人的起司餅乾也會在你姿勢優雅時喪失吸引力，因為你會覺得抓著一大把零食吃的樣子稍嫌「不雅」。沒想到吧，光是抬頭挺胸，就能有那麼多好處！

如何擺出好姿勢

我們先來做個練習，提醒自己為什麼姿勢非要端正不可。現在請站起來，擺出一個「不好的姿勢」。發現了嗎？你是不是肩膀往前傾，下巴下垂，肚子向前凸，骨盆往前挺，膝蓋緊繃，胸部下垂？長時間保持這個站姿，你會覺得地心引力好像變強了，一直把你往下拉，整個人沉甸甸的。

好了，現在我們試著換個「好姿勢」，體驗一下變輕盈的感覺。肩膀自然地往後放下，讓胸部從原本緊繃的狀態舒展開來。提起下巴，脖子伸直，就像有一條線拉著你的頭頂中心。腹部的核心肌肉往內收，骨盆也微微內縮。背挺直，手臂和膝蓋不要用力。怎麼樣？是不是變輕盈了？呼吸也更順暢了吧？只不過換一個姿勢，你的精氣神就能截然不同，彷彿全身充滿幹勁。我知道這麼多動作細節很難一下子全部記住，但如果你每天早上起床都先練習擺出這個姿勢，久而久之就能習慣成自然，不擺出好姿勢反而渾身不對勁。

姿勢練習

試著一整天時時注意自己的姿勢，不論做什麼事情都要在意自己的動作。走路時想像自己是摩納哥王妃葛麗絲．凱莉，行走間也帶著優雅。維持好姿勢一整天後，回想一下你的生活其他方面受到什麼影響。你可能覺得這樣很「做作」，自己平常不會如此正經。但不管心裡再怎麼彆扭，還是請你堅持練習一整天。

倚靠成癖

我站著時有個怪僻，就是喜歡倚靠著什麼東西，尤其是面前有櫃檯時（不管是自家廚房的吧台還是外面銀行的櫃檯），我馬上會就靠過去。請大家不要學我這個軟骨頭壞習慣，站要有站相，不要一副沒力氣站不住的樣子。

芭蕾舞者的好姿勢祕訣

我曾有幸訪問洛杉磯芭蕾舞團（Los Angeles Ballet）的首席舞者阿麗莎・布羅斯（Allyssa Bross）小姐，席間我請教她芭蕾舞者有什麼關於好姿勢的祕訣，她的回答如下：

大家都覺得芭蕾舞者的姿態特別優雅，那是因為芭蕾舞者站著的時候，會挺直脊椎，肩膀往後收。但是，姿勢要好看，絕對不光是一個站姿那麼簡單，而是要涵蓋到生活上的所有應對進退。好姿勢應該由內而外，發於心而後形於外。身隨意動。我們的身體和姿勢，都受到心的掌控。我們的想法改變了，我們使用身體的方式才會跟著改變。我有五個保持好姿勢的實用祕訣：

1 愛自己

2 自信

3 運動（擁有強韌靈活的肌肉，更容易保持好姿勢）

4 提起下巴，伸直脖子

5 眼神不要閃躲

走路

對於好姿勢有一些基本認識後，接下來我們去散散步吧。你有想過自己是怎麼走路的嗎？你的步伐是大跨步還是小碎步？你喜歡咚咚咚的重踏地板，或是悄無聲息的滑步而行？我的腳步屬於沉重的那一種，在家走路都很大聲，上下樓梯都是咚咚咚一陣響。走路像在跺地板，著實不太優雅。走起路來充滿幹勁是好事，但要是腳步聲重得跟馬蹄聲一樣，就有些令人不敢恭維了。為了培養儀態，我決定把沉重的腳步改成滑步。滑步能讓你的步履輕盈，行走間如行雲流水，一派優雅。你還是可以帶著一樣的幹勁去做事，但是走得更好看一點。滑步的的好處在於腳不必太用力，不會每踏一步就像把全身的重量砸到地板上。想要走得優雅，先從抬頭挺胸、放輕腳步做起。走路別那麼用力，你一樣能到達目的地。

穿高跟鞋走路

穿高跟鞋走路要走得好看可不容易。很多女人一穿上高跟鞋，走起路來就變成小碎步，一副快往前衝倒的樣子。穿高跟鞋要走得穩，最好先從腳跟著地，而不是從腳趾著地。一般來說，我們抬起腳後，腳趾更貼近地面，所以習慣上會腳趾先著地。但是穿高跟鞋則要反過來，著地時先腳跟後腳趾，這樣才踏得穩。另外，抬頭挺胸之餘，重心要稍微往後傾。步伐不可以像穿平底鞋那樣跨得那麼大，步調也要相對放慢一些。請記住這幾點，然後穿上高跟鞋在家練習走走看吧。

要是你穿高跟鞋無論如何都不舒服，那就別逞強了，中跟或低跟的鞋子也很不錯。「時尚夫人」從來不穿高跟鞋，我看過她穿最高的鞋子也不過兩英寸高而已。她的鞋子平均高度大約是一英寸。如果你穿低跟鞋走路比較自在，那就穿低跟鞋吧！我也是貪圖舒適的人，所以在我微不足道的鞋子收藏中，低跟鞋就比高跟鞋來得多。

待人接物

「舉止」不只包含「姿勢」，還包含「行為」。你待人的態度如何？你對別人冷淡嗎？如果有更多人願意成為儀態優雅且舉止有禮的人，就能夠讓這個社會變得更寬容友善。

在外行走

在外行走請謹記幾個小小的禮節：

走在住家社區時，遇到鄰居應該禮貌地打招呼，道一句問候，點個頭或笑一下都可以。

走在人行道上，記得靠右邊，這樣對面有人過來時，才不會尷尬地互讓不停。

不要邊走路邊滑手機，除非你剛好停在停車計時器旁邊。如果一定要傳簡訊，請先停在路邊，傳完簡訊後再繼續走。

不要突然走到一半停在路中央，尤其是在人行道中間或手扶電梯上面。當你進出電梯、公車或捷運時，也記得不要擋在出入口，盡快移到旁邊。

出門別忘了欣賞沿路的風景，呼吸一下新鮮的空氣，再日常的景色也有可觀之處。走路時多觀望四周，你可以趁機放鬆心情。即使只是出門跑個腿辦點小事，也能享受散步的樂趣。

握手、擁抱或親臉頰？

世界上每個地方打招呼的方式各有不同，要是不懂得尊重各地風俗，那可就鬧笑話了。在美國，我們喜歡實在的握手，方法是伸出右手牢牢握住對方的手（別太緊也別太鬆）上下搖個兩三下，同時雙眼直視對方，最後鬆開手。握手時千萬不要太用力，尤其是跟年長者握手時，小心人家關節炎發作痛起來。

很多歐洲國家偏好用更親密的「faire la bise」來打招呼，這是法文「親臉頰」的意思。如果你以前沒試過，第一次可能會覺得很尷尬，畢竟得和對方靠得那麼近！比起握手，親臉頰有更多小細節需要注意。首先要記住的是，你不必真的親到對方臉頰上！可別一不留神，在剛認識的人臉上留下口紅印啊。親臉頰的正確方法是輕輕靠向對方，把右臉頰貼上對方的臉頰。你可以看心情，一邊用嘴巴發出親吻的聲音，不過不要太大聲。靠向對方時，可以用單手或雙手碰觸對方的肩膀、手臂或手肘（很令人困惑吧？我懂）。

很好，現在你成功地碰了第一下臉頰，接下來才是最棘手的地方，那就是要弄清楚到底是碰一下還是兩下好。我在巴黎甚至遇過有人一次要碰三下才算了事！要判斷對方的意圖，你可以在碰完第一下後緩緩後退，悄悄觀察對方打算後退抑或換一邊臉頰。總之不要有任何快動作，以免不小心真的親到對方（沒錯，我就做過這種糗事）。

那麼，擁抱又有什麼要注意的呢？我們美國人很喜歡擁抱朋友，但如果你不在美國，建議你最好別貿然擁抱別人，即使是面對熟人也一樣，免得人家不知所措。這事兒我也有經驗。我記得有一次要和外子的英國友人打招呼，這位友人多年來我一直只聞其名不見其人。我們第一次相遇是在托爾托拉島參加婚禮，我是美國人，她是英國人，當下也不知道該按照哪邊的禮節，結果我靠過去親完她的臉頰，又來了個擁抱（我也不知道自己怎麼會想出這種混搭方式）。正當我牢牢抱住她時，她卻抽身打算親另一邊的臉頰，可想而知那是多麼奇怪的場面，實在是令人不堪回想。

眼神接觸

現在的人際互動，好像不流行用眼神接觸了。不管是跟熟人打招呼，向店員問問題，或是跟同事溝通，大家都不再直視對方。年輕人尤其不喜歡與人對視。到底眼神接觸有什麼可怕的呢？

眼睛直視對方就像是誠懇實在地與人握手，同樣是良好舉止與儀態的重要環節。眼神接觸一方面是尊重對方，一方面是表現自信，代表你內心坦誠，值得信任。眼睛直視你的談話對象，能夠讓對方知道你有在認真聆聽。

對於個性內向容易害羞的人來說，眼神接觸會讓他們很不自在，因為直視對方的眼睛有種赤條條的感覺。許多哲學家認為眼睛是靈魂之窗，一個人的眼神會透露出很多訊息。如果你的視線總是忍不住閃躲，請務必克服這個障礙，好好練習眼神接觸。與人交談時，你要看著講話的人，代表你有在聽，而當你講話時也同樣該看著對方。記得呼吸要保持平穩，這樣尷尬的氣氛就會慢慢消退，你會感覺到自己的氣場變強了，精神暢快。

相信很多人都有這樣的經驗，參加派對與人攀談時，對方眼睛溜來溜去就是不看你，你還記得當下的感受嗎？與談話對象眼神接觸，能夠表現出你正專心聽對方說話，就算換你接話也請不要轉移視線。不必顧慮對方喜歡或討厭眼神接觸，不論對方敢不敢看著你，你都應該看著對方的眼睛，不要因為你的談話對象對眼神接觸表現扭捏而跟著一起閃躲。你的態度越堅定，對方才能跟著鎮定下來，開始對你無所隱藏的眼神產生信賴感。像這樣全神貫注地對待在派對上遇到的人，對方會覺得自己備受尊重。據信這就是賈桂琳．甘迺迪的魅力祕訣之一。

不過，也不要矯枉過正。你不必在談話過程中全程緊盯著對方，只要適當的與對方眼神接觸即可，偶而轉開視線沒有關係。

行為態度

挺拔的站姿、優雅的走路方式，再加上適度的眼神接觸，這些還不是「良好舉止」的全部。你是如何待人接物的呢？親切友善或衝動易怒？儀態優雅且舉止有禮的人，能夠讓這個社會變得更寬容友善。有時候，我們難免會陷入自己的情緒裡，對別人不耐煩或憤世忌俗。從今天起練習禮貌，友善對待每天遇到的每一個人吧！因為我們的外在行為反映了我們內心的價值觀。

良好的舉止應該實踐在生活的所有層面，即使不為人知也當奉行不悖。別低估一個人的影響力，每一個善舉或惡行都足以讓這個世界變得更好或更壞。白天在人前彬彬有禮，晚上卻暗地在網路上發表惡毒的評論，這種人的儀態修養只是浮於表面，他們並不知道自己的舉動在人前人後同樣重要。

就拿行車禮儀來說吧。想像一下這個場景，某天晚上你開車下班途中。突然有人莫名其妙對著你按喇叭，你心底瞬間有點冒火：這個人什麼毛病啊！大家同樣在塞車，對我按喇叭有什麼用。就在這時，另一台車突然切到你前面，你火大起來，簡直想把腳踏上油門，把手放到喇叭上，對那個神經病比個手勢罵句髒話，發洩一下自己內心的不爽。然而氣歸氣，你終歸還是沒有這麼做，因為你的教養及時阻止了你。你覺得自己要是這麼做，就跟那位駕駛一樣沒品。你自認為是有儀態的人，雖然被別人冒犯，但在長長車陣中引發行車糾紛更為不智，不應該罔顧交通安全。而且挑釁的人就是想惹火你，你反應越大，對方越高興。你深呼吸平息自己的怒氣，專心繼續開車，就讓他去超別人的車吧。你並沒有隨波逐流降低自己的行為標準，這才是贏到最後。

面對行為差勁的人，能夠不為所動固然可喜，但要是身邊全是行為異常的人，又該當如何？你看過黑色星期五或聖誕節後折扣季的新聞嗎？大清早天還沒亮人們就頂著寒風去排隊，商場大門一開就一窩蜂衝進去搶奪折扣商品。平常挺正常的人，這時卻為了一個鬆餅機或娃娃屋變成動物般大打出手。風度都去哪裡了？這些瘋狂購物的場面看起來是不是有種黑色幽默？

有儀態的人之所以能永遠不失風度，是因為他們具備正確的價值觀，心裡對於事情的輕重有一把尺。就拿感恩節來說，它原本是美國一個優良的傳統節日，全家人可以趁此佳節團聚一堂，懷抱感恩之心，一齊享受豐盛的大餐。這個立意良善的節日，重點在於藉由美食和感恩之心來團結家族的感情，可是卻漸漸商業化而變了味。以前，大部分的商店在感恩節當天也去過節不營業，但近來為了因應感恩節的購物熱潮，商家紛紛趕在感恩節的晚上開店，迎接第一波搶便宜的客人。眼見自己喜歡的商品下了大折扣，越來越多人離開溫暖的家，不惜人擠人，就為了「搶奪更多東西」！這個節日完全失去了它的本意。

「時尚夫人」絕對不可能為了黑色星期五的大降價而擠在百貨公司玻璃門前望眼欲穿。她不可能容許自己有這種失態的舉止。當周圍的人都陷入失心瘋的搶購氣氛之中，我們很難不心生動搖，懷疑自己沒去搶是不是虧大了。這時就能顯現出儀態的重要性了。有儀態的人，永遠分得清孰輕孰重。究竟是打對折的全新果汁機重要，還是與難得齊聚的家人親戚相處更重要？你想和堂哥、表妹一起在壁爐旁打牌到半夜，還是和一群陌生的女人擠在商店裡搶奪便宜的吹風機？

有儀態的人不會盲目跟風；他們不覺得大家都這樣，自己就該這樣。如果哪裡有人集體失態，他們絕對不會跑去湊熱鬧。他們對自己的行為自視甚高，時刻以身作則。

請從現在開始注意自己的儀態風度、眼神接觸和言行舉止吧！練習高雅的舉止是很有趣的一件事，過程中難免偶有失敗，但請不要灰心，只要堅持下去，早晚你會出於習慣做出優雅的舉動，儀態也自然而然更上一層樓！

Lesson 6

魅力溝通術

CHARMING COMMUNICATION

我們在判斷一個人是什麼樣的人時，光是從他的溝通方式（包括言語和非言語）就能看出諸多端倪。儘管我們培養了舉止方面的儀態，還是可能因為講話沒氣質而功虧一簣。閒話休提，就讓我們立刻深入主題。相信等你看完這一章，就會發現「說什麼」和「怎麼說」遠比你想像來得重要！

講話

別人講話討人厭
我們無能為力
但要讓自己講話不討人厭
我們可以做的有很多

——艾蜜麗·普斯特（Emily Post）

講話得體也是儀態的重要成分。言之有物的人很容易受到注意，而且能在別人心裡留下聰明沉穩、值得信任的印象。會說話的人顯得直率自信，有一種難以言傳的魅力。

「時尚夫人」家裡有個非常正式古典的客廳，我一走進去就覺得自己該穿得好一點，姿勢該端莊一些。在他們家用餐的氣氛也很正經，會讓人不由得抬頭挺胸，拿出最好的餐桌禮儀。同理可證，如果身邊有言談高雅的人，你也會在潛移默化之間見賢思齊，想要使用更好的字彙，減少無意義的發語詞、粗話和俚語。甚至，你還會豁然發現自己也能成為別人的榜樣，帶動更多人一起追求更美好的語言。

不說粗話

有儀態的人不會滿口髒話。如果你決心培養儀態，髒話絕對是個要不得的習慣，應當盡快戒之。我得承認我也有黑歷史，年輕時，覺得跟朋友講話要夾雜幾句髒話才叫酷，寄宿在「時尚夫人」家一段時間後，方才幡然醒悟。與「時尚夫人」優美精準的用字遣詞相比，我的髒話顯得那麼粗俗無趣。我下定決心要培養儀態，講話自然不能再不乾不淨了。不過，改變說話習慣並不容易，我也不能保證下次不小心踢到腳趾頭不會反射性地咒罵出聲。只能說，起碼我會努力盡量隨時隨地注意用語。

開始戒除髒話時，最好慎選你接觸的音樂和娛樂內容。有一次，我和外子正打算看一個熱門偵探節目，因為有很多人稱讚它是「有史以來最好看的電視節目」，所以我們也不想錯過。我滿懷期待的看了第一集，過了二十五分鐘後忍不住想關掉，我先生也有同感。就算情節再精彩，每隔十秒就夾一句F開頭的髒話，實在教人聽不下去。我自己正在追求美好的語言，聽別人汙言穢語，感覺就像是看著一隻黑色大蒼蠅漂浮在精美的瓷器茶杯裡一樣噁心。難道這就是為什麼我那麼熱愛影集《唐頓莊園》嗎？嗯，優美的言詞無疑是吸引我的一大因素。

好不容易下定決心講話要文雅，偏偏社會風氣背道而馳，髒話蔚為流行，我們該如何是好呢？每當我在公眾場合聽到有人大聲罵髒話，尤其是我女兒在身邊的時候，我真的很想揍人。但是與其以惡止惡，我知道以身作則方為上策。人人都可以是別人的好榜樣。想像一下這個場景吧：你正和朋友共進午餐，她對沙拉和冰茶有些意見，三不五時碎念F開頭的髒話。這時你可以做的，就是不要隨之起舞。你可以控制自己口不出惡言，只說美好的話語。對方能不能發覺並不重要，重要的是你對自己說出口的話負責，因為你知道言語對這個世界會產生什麼樣的力量。你身邊的人都是你的觀眾，他們能夠分辨你的言詞是否有教養。「時尚夫人」就從來不罵「**zut alors** ！」（法文「該死」的意思）。她對自己的用字遣詞有所講究，我也朝著這個方向努力著。

「嗯」、「就像是」、「對啊」

Le sigh……開始這個話題前，請容我來個華納卡通裡那隻法國臭鼬的經典嘆息聲（le 是法文的「這個」，sigh 是英文的「嘆息」）。現在的美國人，講話動不動就摻進「就像是」和「嗯」這兩個萬惡的發語詞，我自己也深受荼毒（相信X世代之後的年輕人應該都難逃其害）。如果你跟我一樣在南加州長大，恐怕已經沒救了（哈哈，開玩笑的）。「山谷女孩」（源自一九七〇年代對美國洛杉磯聖費爾南多谷地區，富裕中產階級社區年輕女性的別稱，她們流行用單字強調語氣。）特有的講話方式，實在很容易給人腦袋空空的印象，就算再怎麼言之有物，儀態萬千，都敵不過山谷女孩腔的強大殺傷力。言歸正傳，對於這些發語詞，我們究竟該怎麼辦？

首先，我們要產生自覺。「就像是」是你的口頭禪嗎？你還沒想好怎麼說的時候，「嗯」是不是就衝口而出了？你四十歲了，但別人聽你講話只覺得你像十七歲？對話陷入冷場，你是不是一緊張就更加卯起來說「就像是」和「嗯」？如果你和我一樣有「山谷女孩」症狀，講話動不動「就像是」和「嗯」個不停，現在該好好反省一下為什麼了。

許多人因為太害怕冷場，場面一沉默下來就覺得該發出點什麼聲音。每一句「就像是」、「嗯」以及各式各樣的俚語（俚語的部分，之後會詳加解釋）背後，或許都潛藏著輕微的社交焦慮症；這些無意義的呢喃，只是為了打破沉默而已。下次你跟別人聊天要是一時之間沒話說，先停下來觀察一下你內心的掙扎，想想你為什麼覺得沉默很尷尬，為什麼像是犯了強迫症一樣喋喋不休急著填滿空白，要是你放任自然保持沉默又會怎麼樣。你可能會因為沒人講話而身體緊繃，請忍耐下去，克服自己的不自在。與其碎碎念不知所云，還不如安安靜靜的好。你可以趁著安靜的空檔回想一下自己剛剛說了什麼。

我一向知道自己有這個毛病，但要不是開始為我的YouTube頻道拍攝和編輯影片，我還沒認真正視這個問題。天啊！看到自己在影片裡說話的樣子，才驚覺我竟然說了那麼多次「就像是」和「嗯」！太沒儀態了！幸虧我可以把影片裡的「就像是」和「嗯」消音處理。只可惜，現實生活中沒有這個消音選項。

改變自己的談吐，永遠不嫌晚。請開始注意自己的說話方式。當你不知道要說什麼而感覺緊張的時候，什麼都不說也比說空洞的「嗯」或「就像是」來得好。

俚語

初見「時尚先生」與「時尚夫人」的那個下午，我就被「時尚夫人」糾正了用語。那時我說了一句「j'sais pas」（這是「我不知道」的簡略語），或許預見了接下來六個月和一個愛用美國腔講法國俚語的年輕女孩同住有多恐怖，時尚夫人立刻糾正我：「**Je ne sais pas**，珍妮佛。」好吧，這下我知道住在這房子裡可不能再隨便說俚語了。我很慶幸她當下直接告訴我，而不是事不關己地旁觀我失禮犯蠢。

年輕人發明的流行俚語層出不窮，年紀越大，一不小心就會有代溝。看著青少年拍的短片或電視節目，你是不是也開始有聽沒有懂了？他們明明說的是英文，可是聽起來卻像外星話，文法及句子結構都不成章法，還夾雜了一堆莫名其妙的俚語，像是「Adorbs」（adorable的簡略語，意思是「可愛」）、「Amazeballs」（源自Amazing，意思是「好精彩」）、「whaters」……這是什麼密碼嗎？跟隨年輕人講最潮的俚語很有趣，但別忘了，我們追求的是談吐清楚有條理，講話不失儀態。我敢保證，出色的談吐能夠讓你的人生路走得更遠：你會在工作面試獲得好印象，會吸引志同道合的聰明朋友，還可能在不知不覺間成為身邊年輕人的心靈導師。會講話的人一定會吸引別人的注意。所以，不管你以前年輕時怎麼說話，也不論你昨天或甚至今天早上怎麼說話，昨日種種譬如昨日死，立志改過永遠不嫌晚。請鼓起勇氣，從今以後講話不夾粗話，成為一個談吐清晰言之有物的人吧！在日常生活中實踐講話的儀態，好運隨時有可能降臨。

練習優雅的措辭

- 多多閱讀
- 讀經典文學
- 每天學一個新字，試著在講話時用到這個字
- 聽自己說的話
- 戒除粗話
- 盡量少說「就像是」和「嗯」
- 社交場合避免說俚語，但也別跟流行文化脫節
- 說話之前停下來想想
- 習慣沉默
- 多聽有聲書，學學專業的旁白怎麼說話
- 應酬緊張時，沉默是金，言詞空洞喋喋不休反而惹人厭

從容接受誇獎

每次一有人誇獎我，我就會覺得不好意思，很難用輕輕一句「謝謝」就帶過。你是不是跟我一樣，一被誇獎就急忙謙虛一通？以下對話聽起來很熟悉嗎？

「你今天看起來很漂亮！」
「怎麼可能？我今天很糟。」
「你的頭髮很好看。」
「那是因為我有洗頭吧。」
「我喜歡你這件洋裝。」
「噢，這件很舊了。而且我是打折時買的。」

過度謙虛形同拒絕對方的好意。就像有人送了一個禮物給你，你不會直接說「謝謝不用」就還回去吧？請像接受禮物那樣接受別人的讚美，道個謝表示你心領了。謙虛是許多人的天性。我們不想要顯得臭屁虛榮，也不想讓別人覺得不如我們而不高興。這種心思固然沒錯，但實在不必過度貶低自己。面對別人的讚美，大方說一句「謝謝」是最好的回應。

「你今天看起來很漂亮！」

「謝謝！」

「你的頭髮很好看。」

「謝謝！」

「我喜歡你這件洋裝。」

「謝謝！」

隨著你的儀態越來越好，獲得的讚美也會越來越多。你的與眾不同會引起別人的注意。雖然他們具體上說不出來你有什麼變化，但會感覺到你跟以前不一樣了。你身上有了自信神祕的氣質，人們會忍不住想誇獎你。請繼續為你的觀眾做好榜樣，準備好對更多讚美你的人說「謝謝」吧！

拒絕邀約但不失儀態

你今天很忙，有個工作要交，偏偏身體又不舒服，好像感冒了。你根本不敢想家裡亂成怎麼個樣子，晚餐沒東西吃，要去買菜又抽不出時間。早上送小孩上學的時候，遇到了另一個家長朋友，她邀請你今天下午來個遊戲約會。你想到之前已經拒絕過她一次了，她的小孩生日你也剛好因為去了外地而沒參加。你越想越愧疚，雖然今天忙得要命，但又怕對方失望不高興，最後只好硬著頭皮答應。後來你忙得不可開交，開始後悔自己幹麼答應對方，有那個時間還不如去買菜！事到如今，晚餐怎麼辦呢？你很想找藉口取消約定，但又不想被當作說話不算話的人。你終究勉強去了遊戲約會，但是心裡一直很後悔。

拒絕是需要練習的。要不失儀態地拒絕別人，更是需要一些技巧。什麼叫作「不失儀態的拒絕」呢？弄清楚這一點之前，我們得先瞭解「不應該」怎麼拒絕別人：拒絕時不應該說謊，也不應該道歉或找藉口。我們沒必要心虛或羞愧，相反地，我們應該要態度堅定但語氣溫柔，適度表現出感激之情。被拒絕的人可能會心生不滿，試圖引發你的罪惡感，但你一定要堅守立場，不要心軟動搖。

你有多少精力，能做多少事，只有你自己最清楚。別人並不知道你一天的行程，也不會知道你昨天睡得夠不夠或你有什麼重要的事情要做。逞強的苦果只有你自己要嘗。總而言之，答應別人的邀約是好是壞，只有你能做出明智的決定。如果直覺告訴你不應該去，那就別迫於人情壓力而答應。

拒絕別人時，最好別拖泥帶水，當下簡單回答「不了，謝謝」就好，不必多加解釋，或扯什麼善意的謊言。對方能不能接受如此簡短的拒絕，完全是對方自己的問題。有儀態的人自信直接，不會為了討好別人而為難自己。直接說「不」來婉拒任何邀約，並不會顯得失禮。

得體的拒絕說法

- 不了，謝謝。
- 不好意思，我得拒絕你的好意。
- 我不方便。
- 我恐怕沒時間。
- 我不能去，但謝謝你的邀約。
- 抱歉我不能參加。也許下一次吧。
- 謝謝你約我！可惜我沒辦法去。

要是你答應了一個真的很為難的邀約，該怎麼辦？做人應當信守承諾，除非遇到會危及自己身心安全的嚴重狀況，否則不應該隨便爽約。有一次好友邀請我參加她舉辦的派對，她住在離我家大約一小時車程遠的地方，我早早就答應了她。到了當天，眼看著該出發的時間快到了，我卻因為疲倦而越來越焦躁。那天的工作很多，估計派對結束回家後，我還得熬夜加班才趕得上期限。前一天晚上我幾乎沒怎麼睡，那一陣子我先生去外地出差六天，我一直獨自顧小孩沒休息。光是想到要開車，就連開二十分鐘我都吃不消，更何況來回就要兩小時，可是我又不想讓朋友失望，只好強自振作準備出門。我催促兩個女兒穿鞋子，可是她們那天特別皮，完全不理我，光顧著在房子裡亂跑。我追著她們跑了幾分鐘，突然想不通自己在幹麼。我累得要命，根本不適合去參加派對。我瞬間釋然，我應該通知她我不去了。我跟她坦白我那天太累，隔天又打電話再道一次歉。她是真正的好朋友，很大方地諒解了我。

我們很容易為了不想讓別人失望而為難自己，為了討好親朋好友而失了分寸。但是這樣值得嗎？那次臨時爽約，我可以隨便說家裡有人生病，這樣就不會得罪人了，但是我不想騙人，尤其是騙我的朋友。難道我得說假話才能維持一段交情嗎？實話實說，才是最好的回應。坦白交代，坦然接受後果，這才是真正的友情，因為真正的朋友會體諒你的不便之處。但也別忘了，風水輪流轉，你的朋友改天也可能會拒絕你，屆時就換你展現風度原諒對方了。

基本禮貌

基本禮貌是指世界上通行的基本禮節，遺憾的是，現今社會上的禮貌常識堪堪及格而已。把「請」和「謝謝」掛在口頭上，撞到人說「對不起」，開門後為身後的人攔著門，這些都是人際互動上的基本禮貌。從便利商店的店員到辦公室的警衛，我們與任何人的交往都應該謹守這些基本禮貌。我把基本禮貌放在〈魅力溝通術〉這一章來聊，是因為禮貌也是溝通的一環，它能展現出我們對他人的尊重。

這年頭，基本禮貌日益罕見，有禮貌的人，反而像閃閃發光的寶石一樣引人注目。在超商結帳的客人只顧講電話，把店員當空氣一樣，這種場景是不是司空見慣？我相信被忽視的店員心裡多少有些不舒服。難道我們真的那麼尊貴，或忙碌到抽不出一個眼神或微笑，讓對方不覺得被輕視嗎？

我們教導小孩子要有禮貌，為什麼我們長大卻忘了呢？每當我在咖啡店聽到有人點餐時說「給我一杯咖啡」，我都默默想著：「是不是忘了說什麼？」有禮貌的講法應該是「請給我一杯咖啡，謝謝」才對吧。我以前在餐廳也習慣向服務生說「我要……」。殊不知我先生注意到了，有一次他跟我說：「說『麻煩給我』比較好。」言之有理。「麻煩給我」確實比「我要」聽起來有禮貌。

相信很多人都有過這種經驗：好心禮讓別台車插入你的車道，對方卻沒有揮手回禮。想要插車，人家卻加速不讓你切進去。雖然別人不懂禮貌，但我們可以從自己做起，慢慢的，整個社區的風氣或許會為之一變，帶動更多人一起講禮貌。向禮讓你的駕駛揮手致謝，對方很有可能因為你這個小小的舉動，未來更願意禮讓別台車。就像蝴蝶效應一樣，你永遠不知道你揮一個手能造成多少影響。

如果你每天早上總是會在街上遇到某個不理人的鄰居，可以堅持每天都笑著向對方道早安。不要在意對方理不理你。別人怎麼反應是別人的事，不要因為別人沒反應就覺得自己被冒犯了。

你向鄰居打招呼，只是在「自掃門前雪」而已。我也有那種一派冷漠只盯著地上看的鄰居，我想過是不是放棄向對方打招呼的好，可是我沒辦法無視迎面而來的熟人，那樣我反而不自在。所以遇到任何鄰居我都會打招呼，冷漠的鄰居通常會被我嚇一跳，愣愣回一個遲來的「你好」，要不就是呆呆瞪著我。我真不懂，這世界已經變得這麼沒人情味了嗎？一句普通的問候也能嚇到人，唉。

基本禮貌是儀態的必修課。不要計較旁人的行為，也別在意有沒有回報。重點是，我們應該堅持自己的品格，不要因為對別人失望而隨波逐流。天天實踐基本的禮貌，你的優雅氣質就會自然散發出來。

守時的美德

大家都知道守時是美德，但有時候天不從人願，塞車、走錯路、小孩子鬧著不穿鞋……種種難以控制的意外難免會發生。不過，有儀態的人會盡可能排除萬難，把準時當作第一要務。準時是一種態度上的溝通，代表著你尊重你的約會對象。早到永遠比遲到好，除非約在對方家裡才另當別論（太早到別人家會給主人帶來壓力）。

有儀態的人是怎麼守時的呢？底下跟各位分享五個祕訣：

1 **為約會設定提醒**。很多時候，我們遲到是因為壓根忘了與別人有約。大部分的智慧型手機都有附提醒的日曆功能，你可以設定在約會時間的一個小時甚或一天前發出提醒。最好把地址和停車場等相關資訊一併寫在備忘錄裡，這樣就不會忘東忘西了。

2 **預先把東西準備好**。如果隔天一大早要開會，你可以在今天晚上先把所有東西準備好。衣服選好擺出來，便當裝好冰在冰箱裡，公事包整理好放在大門旁邊，順便研究一下會面的地點有哪些路線比較妥當。

3 **為突發狀況預留時間**。要去陌生的地方時，你的GPS可能會告訴你車程只有二十分鐘，但是那並沒有把塞車狀況計算進去。最好把預計抵達時間乘以二，這樣就不怕遇到塞車了。如果擔心小孩子拖拖拉拉，可以讓他們提早十分鐘準備，以免來不及出門。

4 **行前規畫**。如果你要開車，先查好附近哪裡可以停車。如果要搭乘大眾運輸工具，先規畫好路線。就算你因為塞車或公車延誤而遲到，起碼不必一路忙著找路。

5 **提早到有備無患**。你可以準備一本書或其他消遣物，打發無聊的等待時間。請記住，提早到並不是浪費時間。有備無患，總比到了那邊手足無措的好。

電子郵件禮節

電子郵件有正式的行文規範，如果你要寫信給初次通信的對象（尤其是公事上的聯絡對象），格式務必講求正式。至於常與你通信的朋友或同事，稍微省略一些無妨。不過，溝通時永遠秉持基本禮貌，絕對不會出錯。以下是電子郵件的一些注意事項：

- **全部回覆？**按下「全部回覆」按鈕之前，先想想是不是真的有必要回覆給所有收件人。
- **轉寄？**要轉寄電子郵件時，請務必在前面加註轉寄原因。千萬不要轉寄什麼厄運連環信，要求收信人轉寄給更多人。

- **語氣**。慎用**粗體字**或全部大寫的英文字，那樣會給人咄咄逼人的感覺。
- **先生小姐等稱謂**。不要因為信的內容很輕鬆，就讓禮貌也變得隨便。該怎麼稱呼收信人，還是要講求適度的禮節。
- **是草字頭的茹，不是如果的如**。檢查全部的人名，看有沒有錯字。
- **再檢查一遍**。記得用拼字檢查功能，再次檢查有沒有疏漏的錯字。
- **正在氣頭上？**寄信前請三思。一旦寄出就不能收回了。
- **注意細節**。請使用完整的句子，不要用非正式的縮寫或俚語。
- **問候語**。日常生活中的基本禮貌同樣適用於書信交往。開頭用「親愛的」或「嗨」，然後問候對方（「你好」）或給對方道個好（「展信愉快」）。信尾也別忘了有禮地道別。

回覆電話和電子郵件

隨著現代通訊科技的進步，我們每天都被各式各樣的簡訊、電話和電子郵件砲轟；人們習慣快速獲得回應，越來越不耐煩等待。對於重要的來電或來信，基本原則是在二十四小時內回覆。如果沒辦法在二十四小時內給對方完整的答覆，最好先告知對方你已經收到訊息，將會在某個期限前回覆。如果要去外地或因其他原因不能收信，你可以設定電子郵件自動回覆訊息，說明你暫時無法回信。等你回來後，請盡快處理重要信件，至於重要性較低的信件，慢慢來沒關係，別讓自己成為簡訊、電話和電郵的奴隸。

低頭族

低頭族已經是個普遍現象了，到哪裡都看得到像僵屍一樣低頭動也不動盯著螢幕的人。不管在哪裡（餐廳、公園、學校、咖啡廳……）、做什麼（遛狗、看電影、開車、排隊、上下課、跳芭蕾舞、工作空檔、看電視、帶小孩外出、開會中……），人們的眼睛總離不開螢幕。這股低頭浪潮改變了我們的生活，但不見得全是往好的方向。

對螢幕的依賴，以及在社交場合中用手機打發時間的習慣，使得人們越來越沒有儀態，也日益喪失禮貌和社交禮儀。我甚至覺得，我們因此變得自閉，而且漸漸遺忘以往大家習以為常的社交禮儀。前陣子我走在人行道上，前面有個年輕男人很專注地看著他的手機，等我走近他時，他完全沒抬頭看我一眼，反而背過身面對牆角和一株灌木，繼續專心傳訊息。有必要這樣嗎？這世界怎麼了？無視眼前的真人，跟網路上的人互動才有意思？身為有儀態的人，我們要堅定意志，不要屈服於手機的誘惑而罔顧真實世界。

嘿，我在這兒！

跟朋友出去，朋友卻老是在看手機傳訊息嗎？這時你是不是會覺得，朋友百忙之中被你打擾了？還是你會覺得自己不受重視，朋友在跟更重要的人聊天？我知道很多父母跟我一樣，習慣把手機拿出來放桌上，以免錯過保姆的緊急電話。這種出於父母心的舉動無可厚非，我看不慣的是，有些人一邊跟你講話，一邊忙著用手機跟別人聊天。遇到這種人，你可能會出於共犯或報復的心態拿出手機看訊息，讓對方或自己心裡好過一點，但我呼籲各位，千萬不要一同沉淪，因為這種人通常對自己的行為渾然不覺。試著靜靜看著對方打字吧，他們或許會感覺到一股沉默的壓力。如果你不怕得罪人，直接說出你的不滿也可以。再不然，大不了把他們拉到你心裡的黑名單上，以後別跟他們出去了。

文字訊息陷阱

智慧型手機面世之前，人際互動靠的是打電話、寄信、寄電郵或是直接去人家家裡。進入簡訊時代後，一切都變了。透過文字訊息，我們可以無時無刻和別人保持聯絡。我也常常靠著和朋友傳訊息開玩笑，將壞心情一掃而空。但是，我們要小心別被訊息提示音搞得心神不寧。當你正專心做某件事情時，手機突然叮一聲提示你有新的訊息，這時你會拋開手邊的事趕緊點開來看嗎？馬上閱讀新收到的訊息，似乎沒什麼大不了的吧？但如果每一次收到新訊息就要立刻閱讀，你還吃得消嗎？現在不論我們人在家裡或外面，別人隨時隨地都能聯絡我們。身為有儀態的人，我們必須提醒自己別緊張兮兮隨時待命。傳訊息給你的人當然希望你立刻回應，但是你沒必要隨著別人的步調起舞，為之著急。如果你三不五時就得停下來回覆簡訊，注意力一再被打斷，做事也沒什麼效率了。

為了維持親子時間的品質，這段時間我不會拿起手機，這是我的原則。不管訊息音響了多少次，我也不為所動。我會把提示音關掉，手機面朝下放著。我不想讓孩子覺得我一直玩手機，不專心陪她們玩。當我們一起開心地讀故事書、做美勞的時候，她們不會因為我的手機響了，就擔心我會拋下她們跑去跟朋友傳簡訊。

這個原則說來容易做來難，我得壓下收到新訊息的雀躍心情，直到工作做完或親子時間結束為止，才能拿起手機。挨到晚上我有空閒了，我會好好犒賞自己，盡情享受和朋友傳訊息更新動態的樂趣。

建議各位反省一下，因為長時間黏在手機螢幕前，自己的生活和行為受到了什麼影響。如果發生了不好的改變，那就快做些修正。別再分那麼多精神在螢幕後的世界，好好重溫與真人互動的溫暖吧！真實的人生就發生在眼前這一刻。生命無常，誰都不知道未來還有多少日子，所以請把握眼前的真實，別沉迷在虛擬世界虛度光陰了！

長舌女孩

誰都知道背後道人長短不好，但是偏偏難以抗拒其中的樂趣。知道某個人身上發生的緋聞，實在是不吐不快啊！如果有人知道你認識的人身上發生的醜聞，你一定會好奇想聽聽怎麼回事。不過，有儀態的人對八卦絕對敬謝不敏。流言蜚語總是傷人。設身處地想想，如果你是八卦的主角會有什麼感覺，你願意被別人這樣說嗎？相信你絕對不願意。發揮同情心，你就會對八卦失去興趣了。聽到別人說八卦，你可以幫八卦主角辯護，或是乾脆走開。如果沒辦法離開，保持沉默或趁機換話題，都是最好的做法。

公開演講

一提到「公開演講」，簡直是人人聞之色變，可是我們在人生中的某些時候不做又不行。工作上的簡報、朋友婚禮上的伴娘致詞、在孩子學校活動上台介紹來賓、上課報告讀書心得……這些都是難以避免的。我知道公開演講很恐怖，但是我們有祕密武器可以克服它，那就是「儀態」。

我高中的時候非常害羞。被老師叫去前面朗讀，聲音就會狂抖個不停。究竟為什麼會這樣我也搞不懂，不過光想到全班的人都看著我，注意力都在我身上，我就想跑回家躲在棉被底下一輩子不出來。

高中三年級時，我覺得自己再這樣下去不行。我不想再畏畏縮縮，害怕自己在別人眼中是什麼樣子。為了克服這個缺點，我決定報名上戲劇課。或許站在舞台上對著一群同學背誦一段台詞，正是我需要的一帖猛藥，可以幫我擺脫對公開演講的畏懼。

剛開始上戲劇課的前幾個禮拜，只能說是災難——我每次表演都抖得像風中的落葉。我懷疑自己是出於什麼扭曲病態的心理，逼著自己上這種課反覆出醜。公開演講終究不適合我吧？我天生就是躲在角落當壁花的料吧！儘管當時心中一片愁雲慘霧，我的驕傲卻不容許我半途而廢。我甚至自虐地報名參加學校公演的角色甄選。我們學校的選角是在多用途教室公開進行的，候選者必須面對老師、導演、技術人員以及所有參選學生。簡單說，裡面大概有一百多名觀眾。

要表演的劇目是理查・布林斯利・謝立丹（Richard Brinsley Sheridan）的《情敵》（The Rivals），甄選方法是請候選者在舞台上唸一段自選獨白，女生演蘭吉什，男生演「絕對船長傑克」。我默默看著一名又一名學生上台表演，滿懷恐懼等了一個半小時，其間我給自己打氣，心想：他們又不是梅莉・史翠普或勞勃・狄尼洛（Robert De Niro），我幹嘛自我意識那麼旺盛呢。他們都能上台講一段台詞，我的天分也不差啊，沒道理我就不行。正當我胡思亂想之際，有人叫了我的名字，輪到我上場了。我慢慢走向舞台，心跳如擂鼓。當我就定位面對台下的觀眾時，有些東西好像突然通了。

我讓自己沐浴在聚光燈中，深吸一口氣，進入自己的節奏，不讓任何人催促我。我驅散腦海中的負面想法，身上剎那間灌入一股能量。彷彿化身為蘭吉什，我滿懷激情，大聲又清晰地說出台詞。我的聲音響徹全場，引起了大家的注意。回想起來，那是我有生以來初具儀態的歷史性時刻。我回家跟父母說了這件事，我第一次成功戰勝神經質，沒有因為緊張而表現失常。

隔天到學校，學生們全擠到戲劇室看入選公告。我好不容易擠到前面，不敢置信地看到我入選為女配角朱莉亞．梅爾維爾，我嚇得差點跌倒。誰能想到當初我連公開演講都怕到不行，現在卻能在學校公演擔任配角！我頓時充滿信心，相信自己以後再也不會視公開演講為畏途了。

「儀態」是公開演講時的祕密武器。請務必氣場全開，操控全場。挺直背脊，就像你理所當然應該站在那裡一樣。你要講的事情你很懂，是上台演講的不二人選。任何一絲自我懷疑都要立即消滅，相信自己的能力，勇敢成為眾人的目光焦點。抬頭挺胸深呼吸，帶著確信的態度，大聲而清晰地說出你要說的話。你的視線可以適度與觀眾接觸，並且運用身體語言來帶動全場的氣氛。別讓身體僵住。說話時，手和手臂可以自然地擺動。不要全身硬邦邦，只有嘴巴在動。演講結束後也別急著縮回去，你可以停留一會兒，感受一下這功成身退的光榮時刻。

從高中那次選角之後，我的人生又經歷了大大小小不少場公開演講的挑戰。我曾經面對三千名大學生演講，也曾到小型私人研討會對著四十名女性分享心得。我甚至還上了TED網路演講，向全世界的觀眾發聲。這是我發自內心的經驗之談：「儀態」絕對是公開演講的致勝法寶。

公開演講五大訣竅：

I 氣場全開：不論你是站在舞台上或桌前，盡快讓自己進入自在的狀態。你的氣勢要讓人覺得這是你的場子沒錯。

2儀態大方：你是眾人目光的焦點，這時保持優美的姿勢尤其重要。請務必抬頭挺胸。

3注意音量：說話時應咬字清晰，聲音要能夠傳達到房間裡最後面的位置，確保每個人都聽得到。發音的部位從喉嚨改為腹部為佳，這樣音量才夠嘹亮有力。

4身體語言：避免身體僵直不動，那樣會很像被車頭燈嚇傻的鹿。演講時，可以搭配手勢並適度的走動。如果需要錄影，可以事先詢問攝影師你的移動範圍能有多大。

5觸動觀眾：不管你是向潛在客戶推銷商品，還是在好友婚禮上致詞讚美她的優點，都請別忘記，公開演講的目的在於觸動你的演講對象。別人請你演講，是希望你能分享一些對大家有幫助的東西，所以別聊太多自己的私事，多講一些你要傳遞的想法。

神祕感

有儀態的人，總是散發出耐人尋味的神祕感。我們前面說過物以稀為貴的道理，有儀態的人因為稀少，所以更令人好奇。他們的衣著儀容、舉止姿態及待人接物，在在顯得與眾不同。

他們是怎麼辦到的？超商裡那位年輕媽媽怎麼能如此冷靜地安撫她鬧脾氣的小孩？前面那個女生的衣服怎麼搭配得那麼時髦有型？這一位女職員怎麼能如此條理分明地處理工作上的糾紛？

「少即是多」這個道理同樣適用於儀態，尤其是溝通方面的儀態。跟別人說話時，也要保持適度的神祕感。這是什麼意思呢？說白了，我們沒必要向普通的熟人交代自己的所有生活瑣事。在公開場合與人聊天時，音量不需要讓全場的人都聽得到。如果非得在公眾場所接聽電話，我們應該把聲音放輕，或是盡量移動到不會打擾別人的地方。

在網路上發表任何內容，都應該有所篩選。生活裡的好事（贏得比賽、達成某種成就）與瑣事（牢騷、怪念頭），並不需要一一上臉書分享。比方說，我們沒必要給別人看自己腳趾受傷的特寫照片。如果要發表的東西跟別人有關，我們會抱持同理心。我們不會狂發自家小孩的照片，因為我們顧慮到他們的心情：他們長大後會樂意看到自己數以千計的兒時照片在網路上流傳嗎？換作是你，如果你的照片被別人擅自在網路上發布，你做何感想？是不是有種被侵犯的感覺？我們懂得設身處地為人著想，審慎尊重別人的隱私權。社交媒體固然有趣，我們與親友互動之餘，並不需要與上百名幾乎不認識的網友鉅細靡遺地分享自己私生活的所有細節。

與人交談，也需要鍛鍊神祕感。言多必失，有些話不要說出口比較好。你可能跟熟人閒聊時，無意間透露自己老公的缺點。你可能在職場上，默默加入只敢在背後說老闆壞話的小團體。你可能抗拒不了發牢騷的誘惑，因為你需要宣洩壓力。發牢騷沒關係，但一定要慎選對象。如果是敏感的話題，請務必確認對方是合適的人選，而且不要隨便對遇到的每個人重複碎碎唸同一件事情。

儀態存在於深思熟慮之中。三思而後言，就不會貿然說出對自己不利的話。發言前停下來想想，就不會在網路上陷入口水戰。我們的隱私將因為慎言而得以保全。請記住，「暫停」是保持儀態的必要修養。被激怒或心情激動時，先讓自己暫停下來，不智的言語便不會脫口而出。

PART

3

儀態練習

PRACTICING POISE

Lesson 7

從容的待客之道

GRACIOUS WITH GUESTS

要在家裡宴客，很容易讓人慌了手腳，你會忍不住開始煩惱自己的儀容，擔心家裡不夠整潔或料理不討人喜歡等等，殊不知你的客人根本不怎麼在意這些事情。

話雖如此，倒也不是說我們可以不修邊幅，穿著鬆垮變形的運動服，讓客人進門看到你家恍如大戰過後的戰場。

當然，你也會希望客人能開心享用你準備的食物。不過，客人是來拜訪你的，「你」才是重點，其他東西都是其次。你的好朋友是想來看看你，放鬆心情說說笑笑，交換彼此的新消息，在你的陪伴之下暫時脫離自己的生活。他們在意的是「你」。他們不希望你因為牆腳壁板有灰塵而緊張兮兮，更不想看到你心不在焉，只顧擔心頭髮亂掉而不專心聽他們說話，也絕對不需要你為了餐點不夠美味而頻頻道歉。只要是你做的，他們都會為你的心意而感動高興。

說到有儀態的女主人，「時尚夫人」的優雅大方和熱情好客，無疑是其中翹楚。「時尚夫人」會在客人進門時，幫客人把外套和包包收好，然後立刻送上飲料。客人們可以在客廳一塊聊天，一邊享用令人胃口大開的前菜（時尚夫人的晚宴我最期待這個了）。當餐點就緒時，「時尚夫人」會領著大家去餐廳，安排每個人的座位。上菜的順序也有講究，先從女主賓開始上菜，接著是其餘女客，最後才輪到男客。晚宴的每個環節都經過規劃，氣氛正式但不僵硬。「時尚夫人」知道什麼時候該做什麼，客人不會有不知所措的空檔。她讓每位客人都很舒服自在，用餐席間熱烈的談興會一路延續到餐後甜點和咖啡或餐後酒。飯後大家會移駕到客廳，伴著美好的音樂享用美味的波特酒。「時尚夫人」並不會自謙儀容不整，也不會說什麼「家裡髒亂」或「餐點粗糙，招待不週」的客套話。她用溫暖而泰然的態度接待客人，一切安排都只是為了讓客人度過一段愉快的歡聚時光。

有儀態的人有種從容不迫的自信風度，能夠在社交場合中為其他人帶來安定感。到這樣的人家裡作客，客人可以放心享受溫暖的照顧。參加雞尾酒派對或晚宴的客人或許會緊張不安，此時有儀態的主人懂得以客為尊，從客人的角度事先做好所有安排。客人進門時，會有人負責招呼接待（如果你沒空，可以請孩子或先生代勞）。我參加過一場家庭派對，女主人消失了幾乎三十分鐘，因為她正忙著準備飲料和其他幕後工作。糟糕的是，我跟她不是那麼熟，也不認識在場的其他客人，只好硬著頭皮向別人自我介紹。要是有主人或其他什麼人負責接待進門的客人，並且幫客人互相引見就好了。如果你邀請了誰都不認識的客人，身為主人，不論再怎麼忙，請務必多費心思招呼他們。

另外，請仿效「時尚夫人」的做法，告知客人可以把包包和外套放在哪裡（或是幫他們收好），然後立刻奉上飲料。如果你迎接的客人不認識在場的其他人，離開前請務必向別人介紹他們，讓每一位客人都感覺賓至如歸。

客人跟你說話時，分心是很失禮的。眼神請不要越過對方的肩膀尋找別的聊天對象，或是打量其他人在做什麼。但是對方要是說個不停，也有點令人為難，畢竟單獨跟某一位客人聊太久可能會忽略其他客人，疏忽了身為主人的職責。面對這種情況，你可以趁對方說到一個段落，告罪一聲「失陪」，先介紹別的客人過來聊天再離開。

如果你只邀請一兩位朋友，接待工作相對而言輕鬆得多。只要竭誠以待，即使人家提早到讓你措手不及，也沒什麼好介懷的。別忘了，朋友來訪，並不需要事事盡善盡美。你的朋友只是想來探望你而已。你只要招呼他們進門，幫他們安排一個放東西的地方，其他就沒什麼好煩惱的了。你們可以坐在壁爐前的扶手椅上喝茶，或是到花園享用涼飲。除非有重要的事情需要聯絡，否則請把手機收起來，而且不要每隔幾分鐘就滑一下手機。請把注意力全部留給你的客人。

好客挑戰

這週就約鄰居到家裡喝茶吧！家裡越久沒有來客，越有挑戰性。現代人大多關起門來過日子，習慣隔絕於外。家裡突然來了客人，總有種私領域見光的不自在感。何不鍛鍊一下自己的好客膽量，試著邀請鄰居來家裡玩呢。在以前那個年代，鄰居間的人情往來稀鬆平常。可是如今，誰也不知道鄰居家裡是什麼樣子。但俗話說得好，遠親不如近鄰，要和鄰居打好交道，邀請對方到家中小聚是個很好的方法，而且也不需要太隆重，招待茶水和餅乾（自製或市售皆可）就足夠了。你的鄰居一定會受寵若驚，她可能從來沒被鄰居邀請過。順利的話，不妨發展成定期的聚會。找個空閒的下午和鄰居來場悠哉的下午茶，讓自己重新注滿活力，順便鍛鍊一下儀態吧！

宴客料理

要做好稱職的女主人，一定要優先滿足客人的基本需求。如何為客人準備餐點，我有一些經驗法則與各位分享。對於遠道而來的客人，請務必送上食物和飲料（起碼在他們到達時提供一些點心和喝的）。假設你的客人剛下飛機就從機場直奔你家（或是開了一小時以上的車過來），先給他們一杯水，再問他們想不想喝點別的，像是咖啡、熱茶、汽水和冰茶。如果不是用餐時間，我會裝一小盤點心，放些餅乾、水果或堅果，讓客人墊墊肚子。我從來不會事先問客人需不需要點心，畢竟大多數的人都太有禮貌，不好意思麻煩你。準備點心重要的是心意，客人如果不餓不想吃也沒關係，但通常他們會很感激你的招待。

還有一條重要的經驗法則：除非要留人吃飯，否則不要在用餐時間約人家來作客。我常常在孩子們的午餐遊戲約會結束後，飢腸轆轆地從人家家裡出來，因為餐點只有小朋友的份。這也不能怪人家，畢竟要同時供應好幾人份的餐點給大人和小朋友吃並不容易。比較理想的遊戲約會時間是下午兩點，你只要準備餅乾、果汁和葡萄就行了！這樣主人輕鬆，客人也開心。

用你最好的東西

「美總是建立在需要的基礎上。」

——愛默生（Ralph Waldo Emerson）

我們活在一個不講究禮儀的年代，所謂「女主人的職責」似乎是個不合時宜的概念。在意待客之道並致力於培養儀態的我們，更不該屈服於當前的風氣，用隨便的態度來招待家裡的客人。即使只是邀鄰居來家裡喝杯茶吃塊巧克力蛋糕，拿出最好的餐盤、茶杯和餐巾也不為過，不要擔心太誇張（雖然說你的鄰居可能沒想到會受到如此高規格的待遇而顯得吃驚）。不要讓你的自我意識佔上風，頻頻道歉貶低自己。請拿出大方自信的那一面，展現出你的最佳儀態。你的鄰居或許會近朱者赤，把家裡蒙塵的瓷器挖出來，不再捨不得把好東西拿出來日常使用。我敢打賭，你的客人會備感尊榮，覺得受到重視。如果家裡沒有「高檔」的餐具，沒關係！炫耀昂貴物品並非待客之道，自然溫暖的態度再加上專心聆聽，才是最窩心的特別招待，即使你的盤子全都又舊又破，客人也不會在乎。你的自在和待客的誠意，自然就能讓客人感覺舒服，賓至如歸。

得體的作客之道

作客比作主人輕鬆多了，客人可沒有那麼多事情要忙。不過，作客還是有一些需要注意的地方。《唐頓莊園》第五季出場的學校老師邦廷小姐（Miss Bunting）是個口無遮攔的人物，堪稱是惡客的代表。她經常在餐桌上質疑並羞辱主人家格蘭特罕伯爵，造成無數次令人尷尬難堪的局面。這樣的惡客出現在電視上能讓劇情更精采，但要是出現在現實生活中可就讓人笑不出來了。

以下分享幾個作客的注意事項供各位參考：

- 務必攜帶恰當的伴手禮，例如從自家後院摘的一籃檸檬、自己做的餅乾、一瓶紅酒或一盒巧克力。去別人家作客送上伴手禮更能表現出你的感謝之情。

- 不要提早到（但也別遲到太久）。
- 不要留太晚。注意預定的結束時間，時間差不多就準備離開。
- 不要獨佔主人家的時間太久。讓主人家有空一一照顧在場的其他客人。
- 千萬不要出言羞辱主人家（邦廷小姐就是個負面教材）。
- 如果派對上的對話越來越有火藥味，請不要再搧風點火，讓場面一發不可收拾。切記每個人都有發表言論的自由，別人的觀點與你不同，還是有權利說出自己的想法。如果氣氛變得緊張，不妨換個話題或是幽默以對。

去別人家裡過夜

去別人家裡住，我的心得可多了，畢竟我曾經寄宿在「時尚家庭」一個學期。我一進他們家的門，就知道他們是「講究」的人家，所以我也盡可能注意並遵守他們家的規矩。他們家顯然不是「隨便怎樣都可以」，最起碼我絕對不會把自己的東西留在客廳不收。

我的東西全都在我的房間裡，而且時時保持整潔，因為家裡其餘地方都非常乾淨，我並不想讓我的房間變成老鼠屎，更何況「時尚夫人」不像是能容忍髒亂的人。我也很尊重他們的用餐時間，怕壞了胃口，所以從來不曾去廚房偷點心吃。我的生活步調完全配合他們。

「時尚家庭」只有一間浴室。「時尚夫人」剛幫我安頓好，便問了我習慣早上還是晚上洗澡。老實說我從來沒想過這種事，大概兩者皆有吧。我每天早上都會洗澡，有時候晚上睡覺前也會洗個澡。我一這麼回答，就看到「時尚夫人」一臉驚訝地瞪著我，顯然不能接受這個答案。她一直瞪著我，我只好退而求其次地說：「早上洗，謝謝。」沒辦法，就早上洗吧。他們全家共用一間浴室，所以大家的使用時間得固定才行，要不然有人趕著去上班，偏偏有人心血來潮霸著浴室洗泡泡浴就不妙了。

在別人家用浴室時，千萬別忘記鎖門！沒錯，你猜對了，這又是我的血淚教訓。我到「時尚家庭」的第二天就發生了這件慘事，我在浴室忘了鎖門，「時尚先生」不巧闖了進來。Pourquoi！

為什麼我不鎖門?!超尷尬的。當然「時尚先生」很有紳士風度，但一開始給人家留下這種印象，實在太糟糕了。

旅行在外，不論你是回父母家小住或是去大飯店投宿，也別因為住在外面就把好習慣拋諸腦後。到達住宿的地方時，先找找看有沒有放衣服的地方，只要衣櫃裡有幾個空衣架，五斗櫃裡有幾個空抽屜就夠了。把衣服掛好疊好，盡可能把行李箱收到看不見的地方。不要因為有人收拾（旅館會有清潔服務），就把房間弄得亂糟糟的。另外，你的所屬物品請妥善存放。如果住在朋友或家人的家裡，請務必自己鋪床，房間保持乾淨。如果你短時間要換好幾個住宿地點，行李箱的東西拿出來反而不方便，也請盡量將行李箱裡的衣服疊整齊。我們在家裡培養好的生活習慣，不應該到了外面就變得隨便。

有一次我和一位女性友人為了工作一道出差，她到我的旅館房間，看到我自己鋪床，就取笑我還幫旅館做工。我只能說這是習慣使然，我就是沒辦法忍受亂糟糟的床，那會讓我覺得焦躁。奇怪的是，我回到父母家就不是這樣了。我最近才發現，我回娘家住時，總是把房間弄得亂七八糟，彷彿一住進以前的房間，當初那個邋遢的少女又回來了。有一次女兒進來我的房間，我才注意到衣服四散在行李箱旁邊、椅子上和床上，其他東西也扔得到處都是。我真不想讓女兒們看到這麼不良的示範，所以我現在回娘家住，都會特別注意收拾。

過夜作客之道：

- 伴手禮是必備的。
- 私人物品不要留在公共空間，盡量收到自己的客房。
- 房間盡可能保持整潔。
- 用完別人的東西要收拾乾淨，尤其是浴室和廚房。
- 尊重主人家家裡的規矩。
- 注意用餐時間。
- 進浴室要鎖門。

- 不要佔用公用的浴室太久。
- 不要在主人家面前講電話。先告罪失陪，再起身離開打電話或接電話。
- 不要在主人家面前顧著滑手機或傳簡訊，長時間冷落主人家。
- 如果要延長住宿，記得給主人家一些私人時間。比方說，你可以獨自外出一個下午。別讓主人家有壓力要全程相陪。
- 如果不只住一天，至少找一天晚上提議請主人家吃頓飯。
- 離開前留一份小禮物或感謝函。
- 借住的最後一天早上，把床單拆下來。

一個有儀態的稱職女主人懂得如何貼心款待客人，讓客人舒服得就像回到家一樣自在。她的家經常招待客人，人氣十足，沒有人不想去她家玩。現在就開始定期與朋友在家裡小聚（自己作東或到別人家作客都好）吧！面對面的人際交流，能夠讓你的生活更多采多姿。

Lesson 8

晚餐甜心

DARLING AT DINNER

不知道大家是不是跟我一樣，晚餐時間一生出亂子，就會消化不良。只是想安靜優雅地享用一頓簡單的晚餐，怎麼那麼難？不知道為什麼，這在星期三的晚上簡直是不可能的任務。理想的晚餐狀況是大家一就座，其他所有與用餐無關的的活動都應該停止。獨自吃飯要做到這點並不難。沒有令人分心的事物，隔絕任何螢幕，用餐需要的東西全都放在眼前，不必起身或忙著幫別人擦臉（擦自己的臉當然沒關係）。但是跟家人吃飯就完全不是這麼一回事了，手忙腳亂的程度不輸玩法式滾球。餐桌前一下子有人要就座，一下子有人要離席。你可能每幾分鐘就要起身幫小孩子拿東西。裝著葡萄汁的杯子不小心翻倒在白色桌布上。餐墊上番茄醬沾得到處都是。妳的先生在旁邊打飽嗝。如此混亂的場面，絕對不是你想像中優雅的晚餐應該有的樣子。

Jamais peur！別害怕！我並不是要你訓練全家人在晚餐時間規規矩矩，你只需要從你自己的餐桌禮儀開始做起就行了。如果你的孩子現階段總是把餐桌當作遊戲的地方，請耐心教導他們在餐桌上不可以做什麼。這是孩子成長的必經之路，撐過這段時間就好了。我女兒還在學走路的時候，看著她在椅子上晃來晃去用手抓豌豆吃，我就不斷告訴自己，等她二十四歲就不會再做這種事了（對吧）。

晚餐席間越是沒有人在意餐桌禮儀，做一個好榜樣就顯得更為重要。坐姿端正（記得前面教過的好姿勢嗎？）餐巾放在膝上，專心享用眼前的餐點吧！不要因為其他人全都在狼吞虎嚥，就跟著狂吃猛嚼。如果要糾正小孩的用餐行為，請盡量用正面鼓勵的方式，不要責罵或碎碎唸個不停。我們不希望讓孩子對良好的餐桌禮儀留下陰影。最好能讓孩子覺得，學會用餐的規矩是件有趣而值得驕傲的事。

準備晚餐、放置餐巾、倒好飲料、擺好餐具和餐盤，這一系列的動作象徵著我們美好的用餐傳統……上天賜福，我們得以天天與家人分享食物。我們布置的餐桌，滋養了我們的身體和心靈，更提供了情感交流的管道。吃飯是為身體補充營養的大事，在和平的氣氛下專心用餐才不會消化不良。如果你一邊吃晚餐一邊滑手機看 Instagram 上的照片，你根本食不知味，對自己吃什麼毫無感覺。

我們一起來尊重用餐的傳統吧！別再邊看電視邊吃，也別躲在房間一個人吃獨食了。分一些時間給家人，一起吃一頓晚餐吧！食物是最好的交流媒介。像以前的年代那樣，大家客客氣氣地互相傳遞吐司，等全部的人都用畢再離席。席間分享彼此今天過得怎麼樣，感謝煮晚餐的人，飯後幫忙清理。即使你的晚餐只是外送的披薩，也值得你正襟危坐，細細品味。最後切記，如果只有你一個人重視餐桌禮儀，和你一起用餐的其他人似乎都不在意，你還是應該堅持下去。美好的傳統晚餐儀式，需要我們以身作則傳承下去。

如何優雅品嘗難纏食物

不想重演電影《麻雀變鳳凰》裡女主角吃蝸牛的狼狽場面，就讓我們來學習一下一些不容易吃得好看的食物該怎麼吃。

朝鮮薊：用手拿，一次摘一片葉子沾醬吃。軟的那一邊放入嘴巴，用牙齒撕下來吃，剩下的尾端放在另外提供的盤子上。

蘆筍：如果是沒有沾醬的硬蘆筍，可以用手指捏著比較硬的那一端拿起來吃。如果有醬料，請用刀叉吃。如果不確定，使用餐具最保險。

聖女小番茄：當開胃菜的話，務必整顆丟進嘴巴裡吃。千萬不要咬一半，免得噴汁噴到旁人的臉上。如果是在沙拉裡，請用刀叉輕壓，小心切開來吃。

蝸牛：要小心這個狡猾的玩意兒！請一手用海鮮鉗夾住蝸牛殼，另一手用海鮮叉把蝸牛肉扯出來，然後沾醬吃。

龍蝦或螃蟹：用胡桃鉗把殼壓碎，再用海鮮叉把肉取出來，然後沾醬吃。細細的螃蟹腳可能得用嘴巴把肉吸出來，但注意吸吮時別太大聲。

牡蠣：你可以擠一點檸檬汁在牡蠣肉上。用海鮮叉劃入牡蠣肉底下輕輕滾動，就能把牡蠣肉從牡蠣殼剝離開來。你可以淋上你喜歡的醬料，像是木犀草醬或雞尾酒醬。要吃的時候，把牡蠣連殼帶肉拿起來，讓牡蠣肉慢慢滑入你的口中，這個過程千萬別吸氣，免得牡蠣肉不小心滑入喉嚨卡住（我曾看過有人被嗆得很慘）。

義大利麵：用叉子捲起一小坨（「一小坨」是重點）麵條再送入口中。如果捲得太大坨，你不是得硬著頭皮張大嘴吃下去，就是得鬆開重捲一次。用叉子捲麵條的時候，用湯匙頂住或許會有幫助。

餐桌上的失禮舉動

「時尚夫人」糾正我的餐桌禮儀時，通常非常委婉，含蓄到事過境遷我才有所察覺。她的建議我大多樂意照做，但就在我的寄宿日子將要結束之際，發生了一件不太愉快的事，她在晚餐餐桌上又說了我一件事，而我的反應不是很好……

法國棍子麵包是「時尚家庭」每日晚餐的必備主食（事實上每天早餐都少不了它，嚴格來說午餐也差不多）。晚餐最後，他們照例會端上起司盤，從身為女主賓的我開始輪。我會選一片起司（我一般會選我最愛的法國卡門貝軟乳酪），然後把盤子遞回給「時尚夫人」，換她挑自己要吃的起司。「時尚家庭」吃起司盤的方法，跟我們美國人習慣的吃法不一樣。我住在他們家那段時間，我都是把起司直接抹在整片麵包上，然後咬著麵包吃。像這樣吃起司，在法國可以說是極度不雅的失禮之舉。我相信「時尚夫人」早就看不下去我每天晚上大剌剌地把起司抹到整片麵包上大快朵頤，她只是一直隱而不發，默默忍耐了五個月。直到那天晚上，或許她總算生出勇氣，又或許是想在我回美國前糾正我這個惡習，她盡可能用不冒犯人的方式，小心翼翼地跟我解釋起法國人是怎麼吃起司的（唯恐我過去五個月來都沒發現一樣）：他們會撕一小片麵包，上面抹一小塊起司，把這一小塊精心準備好的麵包送入口中，然後重複這個步驟，直到麵包和起司都吃光為止。那天我應該是心情不好，沖口就回答她：「我很抱歉，規矩太多了我記不住。不過我怎麼吃起司很重要嗎？我覺得好吃不就行了。」

那是我在「時尚家庭」家裡作客唯一一次像惡客邦廷小姐那樣口無遮攔，結果場面變得異常安靜尷尬。「時尚夫人」跟我道了歉，然後繼續弄她的起司盤，餐桌上的男士們臉都紅了。現在回想起來，我的反應確實不夠好。這也是人之常情，我們被人糾正時，很容易產生防衛心理，不願意承認自己做錯了。我當時自尊心作祟，不敢深想過去五個月來吃起司的方式一直很不入流。現在的我不會再那麼衝動了，就算不高興，我也能說聲「Merci」道個謝，從善如流地照她的方式吃起司。當你面臨新的文化洗禮時，如果做了任何失禮的舉動，先別急著辯解，請試著接受新的方法。

或許你會跟我一樣，發現自己更喜歡新的方法，承認自己的無知。

在餐廳別當低頭族

我能夠深切體會為人父母的辛苦，你再不能奢望一頓文明的晚餐。小孩子動來動去、打翻東西、尖叫哭嚎、在餐桌前幹些蠢事……當真是沒完沒了。如果他們能安靜一個晚上就好了。

當小孩在餐廳裡開始越來越皮，你可能很想祭出手機或 iPad，哄他們乖乖坐好看影片，但我奉勸各位不要這麼做。你終究要讓小孩子學會餐桌禮儀，在沒有視覺刺激的情況下，能夠在餐桌前規矩坐好，與其他人有良好的互動。再怎麼煩，都請孜孜不倦地教導孩子與家人好好共進晚餐的重要性。別為了喘一口氣休息一會兒，就讓孩子們在餐廳變成一個個小低頭族。相信我，苦難終會結束，不知不覺間他們就變得懂事了，那時候你可以帶著他們去外面吃午餐，取笑他們以前老在桌子底下爬來爬去抓你的腳玩。

酒吧失禮之舉

社交宴飲應克制飲酒量。請注意自己的酒量，不要過量，也千萬別酒後開車。酒駕是危險的行為。有儀態的人懂得節制，不會讓自己失態。就我自己而言，社交晚宴我喝一杯紅酒就差不多了，兩杯是極限。晚上跟人聚餐，我遇過有人還在吃著飯就放開來喝，足足喝了七杯之多！有儀態的人不必靠醉酒來尋開心。如果你發覺自己喝酒上了癮，請不要等閒視之，酒精依賴是很嚴重的問題。如果需要幫助，你可以參加戒酒的「十二步項目」課程或其他輔導團體。至於毒品上癮，我只有一句話：遠離毒品！

品酒的方法

當你在餐廳品酒時，請記住「察色、聞香、品味」這三個步驟：

I 察色：觀察玻璃杯裡的酒色。好的白酒應該透明澄澈而不混濁，紅酒應該色純濃郁，而粉紅酒則應當呈現粉紅或桃紅色調。

2 聞香：搖晃酒杯裡的酒液，深深吸入酒香。嗅覺是味覺的前哨，我們可以從酒的香味判斷出味道如何。你聞出什麼基調了？心裡有些底再開始品嘗吧！

3 品味：輕啜一口酒，稍微含一下，讓酒液在你的口腔打個轉，品嘗一下它的味道。偏甜或偏苦？味道強烈嗎？基調與你聞香時預想的一樣嗎？味道是否均衡順口？確認過是你喜歡的味道後，接下來就可以安心繼續享用了！

用餐時，實在不需要有什麼壓力。共進美食是生活中最實在的樂趣之一，不論你是在家獨自吃午餐，還是在時髦的餐廳與朋友聚餐，日日實踐良好的餐桌禮儀，最重要的莫過於感受食物的美味，順便與同桌之人增進情誼。有儀態的人能夠體驗用餐的樂趣，而且懂得好好吃飯，是一件值得隆重以待的大事。

Lesson 9

家裡家外

CHEZ VOUS AND BEYONG

人的一生之中或許會去到很多地方，但每一趟旅程都是從家開始。家裡有規矩，其他事情自成方圓。有儀態的人不論去到哪裡，人前人後永遠不失儀態。「儀態」，就是我們對生活的態度。接下來，讓我們來聊聊在家裡家外應該要有什麼樣的儀態。

井井有條的家

家裡有秩序了，我們才有閒情講究儀態，否則在亂七八糟又烏煙瘴氣的環境裡，只會讓人覺得心煩意亂。請記住，在家裡關起門來過的日子，才是我們真正要培養儀態的地方。我們在家裡遵守的家教，會成為我們出門在外的行事準則。致力於建立井然有序的家庭生活，象徵著精神上實踐自律。自律是人格養成的一部分，有了好的人格，自然有好的儀態。

就跟衣服一樣，家裡也很容易留下一些不合時宜的東西，它們可能老舊不堪使用，與其他東西格格不入，或是單純不再討人喜歡了。我先生把這種東西稱為「無無」，意思是「無品味」的「無用之物」。大學時代別人送的貓頭鷹檯燈、壞掉卻老是沒丟掉的綠色水果盤、從車庫拍賣買來快解體的舊卡車、房子裡枯萎的蘭花盆栽、不太搭調的相框……擺脫這些可有可無的東西之後，龐大的解脫感將油然而生。東西壞掉就該扔掉，或是轉送給更有用處的人手上。家裡只留下品質最好、最符合家居風格而且實際用得到的東西。家裡只有最低限度的家具，總比塞滿物品充滿壓迫感來得好。請開始巡視你家裡的每一個空間，捫心自問哪些東西不該再留。你家小朋友不再使用的舊高腳椅、落單的燭台（另一支失蹤超過一年）、醜到每次看到都覺得傷眼睛的鬧鐘，這些全部送走吧！萬事起頭難，丟東西很容易讓人覺得心虛，一開始可能連捨棄一支從來不用又不喜歡的奇怪花瓶，都心裡過意不去。不過，等你習慣這個過程之後，你會感覺越來越輕鬆。相信自己，你做得到的！當你的家裡不再有無品味的無用之物，那種一派清爽的視覺效果將會帶給你更多幹勁。

從雜亂到整潔，與培養儀態息息相關。去除家裡的雜亂，才能創造一個容易培養儀態的健康環境。你家客廳如果雜物堆得到處都是，你的衣著和行為也會受到影響，跟著隨便起來：何必穿什麼體面的睡衣，在家裡套一件鬆垮垮的運動服不就好了？反正有誰會在乎啊！在這種無所謂的氣氛之下，你的姿勢也會變得懶散。要做的事情堆積如山，講究自己的儀態又有什麼意義？而且你心裡會想著，在一個亂七八糟的家裡培養儀態，似乎太裝模作樣了一點。

先別急著灰心！培養儀態並沒有什麼環境限制。假設你跟一個生活習慣不太好的室友同住，她的生活方式你不能置喙，但你可以做到不受影響，不要近墨者黑。再假設你是三個孩子的母親，面對滿屋子的玩具車、太空船和娃娃，你可能心灰意冷提不起勁，光是對付髒兮兮的腳印和收也收不完的玩具就夠累的了，還談什麼儀態！殊不知，處境越是艱難，儀態越有其用武之地，這個道理我們稍後會再詳細說明。

花時間收拾整理

要建立井然有序的家居環境，我們必須花時間做好兩種整理工作。第一種是需要較長時間的初期整理工作（可能要用一兩個週末的時間），目的是清理家裡大大小小的無用之物，為日常整理工作打好基礎。第二種就是日常整理工作，這些能夠讓家裡保持整潔的小動作每天都要做。即使家人生性不羈，不像你一樣愛乾淨，也請務必堅持不懈，別被他們打敗！如果家裡有小孩更該隨手收拾，好收耳濡目染之效，讓他們從小養成好習慣。請為生活中所有雜亂的事情安排好規章；比方說，把郵件固定放同一個地方收納，吃完早餐就收拾餐桌（別留到下一餐再做），髒衣服一律丟到洗衣籃，而不是扔在地上或浴室架子上。這些日常舉手之勞一開始或許麻煩，每件事都要多費工夫，但總歸來說你不必多花時間做家事，家裡就能保持乾淨清爽。

如果你的成長過程中缺乏好榜樣，你不知道平常該怎麼收拾，現在開始學習改變永遠不嫌晚。請糾正自己的壞習慣，朝著乾淨整齊美麗的家居而努力。首先，你可以觀察自己怎麼收納家中的物品。髮妝用品是全部亂堆在一個抽屜裡，還是分門別類存放？拿出吹風機的時候，會不會扯到離子夾、電棒捲和好幾支髮梳？如果會，請好好想想該怎麼收納才對。你很可能留了一堆從來不用而且不需要的東西。比方說，浴室浴櫃很容易堆積空瓶子、免費試用品和塵封已久的蠟燭等無用雜物。這些東西都該清掉。總之，沒用過或甚少使用的東西，請認真考慮能捨則捨。

如何當個好鄰居

好鄰居是會在籬笆後面對你微笑
而不會攀過籬笆越界的人。

——阿瑟．貝爾（Arthur Baer）

惡鄰居人人都怕，我們都想和好鄰居比鄰而居。求人不如求己，我們可以先從自己做起，盡一己之力為社區帶來好風氣，從而啟發更多人加入好鄰居的行列。要如何當個好鄰居呢？以下是一些小祕訣：

家門口保持整潔。門口是一個家的門面，不管你的房子是買來還是租來的，都請保持一個體面的門面。英國情境喜劇《虛飾外表》（Keeping Up Appearances）是我心目中最喜歡的電視節目之一。每當女主角海欣．巴克特（Hyacinth Bucket）去拜訪妹妹黛西，經過前院拋錨的舊車、破敗的籬笆和四散各處的垃圾瓶子而面露驚恐的橋段，總是讓我大笑不已。這種情節發生在電視上很有趣，但要是現實生活中有這種鄰居，我可就笑不出來了。如果你家門前有花園，請定期修整花木，保持美觀。如果門口只有一個露臺，或是住在公寓只有一道大門，也請記得門口不要擺放雜物。另外，門口請經常清掃，垃圾盡快丟棄。

注意噪音。如果家裡要辦派對，估計會很吵，最好事先告知你的鄰居，讓他們有心理準備。派對不要拖延到凌晨，盡量在不擾鄰的時間結束，免得警察上門關切。你家如果與鄰居只有一牆之隔，請別在一般人睡覺的時間把音樂放得太大聲。住在別人家樓上的話，腳步盡可能放輕，而且別放任小孩咚咚跳個不停。

注意燈光。屋外有聚光燈的話，注意半夜不要照到鄰居家的臥房。

別讓狗狗叫個不停。如果養了神經質的狗狗（蓋茨比，我說的就是你），不在家的時候別將狗狗留在屋外，免得狗狗叫個不停吵醒全社區。

有問題面對面溝通。發生問題的時候，找鄰居面對面溝通是最有效的方式。我在聖塔莫尼卡的隔壁鄰居習慣在凌晨兩點開檯燈，燈光會透過窗戶照進臥室把我弄醒，本來我還在考慮要不要裝個遮光簾，恰巧遇到她在遛狗，就順口問她能不能把百葉窗關起來，結果她很願意配合，而且頻頻跟我道歉。我也向她道了謝，事情一下子就完滿解決。

認識你的鄰居。有新鄰居搬進來，不妨烤一些餅乾或從自家果樹摘一籃水果送人，聊表歡迎之意。認識你的鄰居，和他們友善相處，相遇時打個招呼，偶爾約對方來家裡喝杯茶。友善地與鄰居交往，能夠創造祥和的社區氣氛，居民也更有歸屬感和人情味。

家門外同樣重要

知名名流宴會策畫人科林．考伊（Colin Cowie）在他的《時尚》（Chic）一書中提到，面試新人的時候，他通常會檢查面試者的包包（當然是遠遠的目測而已），或是在面試結束後一路送別到對方的車子旁邊，趁機偷看車內的樣子。光從一個人如何對待自己的個人空間，他就能判斷出很多事情。如果車內四散著速食店的食物包裝袋、香菸灰、舊襪子和文件，代表這個人並不怎麼珍惜自己所屬的物品。請把你身邊所有的空間保持整潔，你的儀態應該跟著你到任何地方。

工作上的儀態

在工作時展現儀態是很重要的，你可能因此得到進修或升遷的機會，甚至獲得客戶的好感。不論身處什麼行業，從經理到郵件室收發人員，儀態都是一個人在工作上的重要資產；相信我，出色的儀態會讓人注意到你的表現，帶來更好的前途。工作上的儀態有很多注意事項，說穿了也不難，先來看看以下的幾個小提醒吧：

謹守個人操守。誠實是最重要的職業操守之一。你必須建立同事、客戶或顧客對你的信賴感，他們才能放心把事情交託給你。請務必做個誠信的人，上班打卡不要作弊，面試時列舉自己的經歷也不要吹牛。

第一印象很重要。不論是面對新客戶或新來的分區經理，第一次獲得引見時一定要站起來，眼睛直視對方，面帶友善的微笑，跟對方好好來個握手禮（千萬別貿然行什麼親吻禮！）

善於聆聽。拿績效評估這件事來說，主管會指出幾點你需要改進的地方，這挺傷人自尊的，你可能會因而覺得懊惱沮喪，想要辯解幾句，不過這時最好先放下自尊，認真聆聽上司的評語，然後真誠地自我檢討，想想他講的事情到底有沒有道理。讓主管知道你有認真在聽，而且願意改進。從你的同事、上司再到客戶與顧客，他們都會希望自己說的話被人聽進去。在職場上做個善於聆聽的人，能夠證明你有團隊意識。別人也會投桃報李，回以相同的善意，並尊重你的意見。

打起精神。星期一早晨的會議沒完沒了，再怎麼疲倦也請打起精神，坐直坐挺。你的幹勁會帶動整個團隊的幹勁，認真的態度是有感染力的。真正的領導者都是表現出熱情十足神采飛揚的一面，你應該沒看過懶洋洋沒精打采的領導者吧？

穿著永遠得體。保守的服裝是最安全的選擇，絕對不要穿得太暴露，露出一大截腿或乳溝。你的穿著打扮應該符合你想要的工作，而不是你現在所做的工作。請盡可能隨時隨地儀容得體，因為第一印象是很重要的；你的形象會在你開口之前人們第一眼見到你的幾秒之間決定。所以說，請務必挑選合適的服裝，給人留下好的視覺印象。

不要露出身體上的刺青或打洞。在保守的工作環境中，最好把身上的刺青或打洞遮起來。不管你怎麼想，這很容易讓人產生偏見，你可能因此錯失一份理想的工作、升職機會或新訂單。

友善有禮，平等對待每個人。從警衛到總裁，不論職位高低皆平等待之。尊重職場上的每個人，並不是為了爭取什麼。少了明顯的貴賤之分，職場上會充斥正面的能量，每個人都覺得自己是團隊不可或缺的一分子，更願意貢獻自己的專長。

溝通要圓滑。用手指指人很沒禮貌，如果情非得已，請用兩根手指合在一起指。請想像一個政治家會怎麼做，話說出口之前先三思。如果你在人資或客服部門工作，可能經常需要面對情緒激動的人，即使對方怒罵不停，身為公司門面的你務必要保持儀態，冷靜忍住別頂嘴。如果在兩名同事之間傳話，說話要圓滑，讓雙方知道自己的意見被聽到了。面對各種糾紛，請始終冷靜以對。

注意言詞。與同事再怎麼笑鬧，也請注意言詞，別讓上司甚或客人聽到你罵髒話。我曾經聽過一名空服員說了F開頭的髒話，當場嚇了一大跳，他本人也很尷尬。

尊重公用空間，例如廚房或茶水間。用完東西後要自己收拾善後。絕對不要亂拿別人的食物。避免在公用空間接聽私人電話，以免打擾別人休息。

個人工作空間保持整潔，這代表你有良好的工作倫理，而且尊重這份工作。好好打理你的工作空間，就像你坐擁一個看得到風景的豪華角落辦公室一樣（即使你現在只有一個小隔間）。

開會務必準時到場。你不會想走進會議室時，看到十二雙眼睛齊刷刷瞪向你。

杜絕八卦。辦公室有人在背後說人閒話的時候，要提醒他們當事人並不在場，這樣議論有失偏頗。再不然，默默離場，別加入八卦的行列。

犯錯勇於負責。承擔自己的錯誤是很勇敢的行為。勇於負責，能夠在第一時間減少錯誤造成的傷害。

商務宴請別點大餐。龍蝦、香檳固然吸引人，但在商務宴請的場合上點餐應該有所節制，以示對主人的尊重。

商務宴請絕不打包外帶。這樣做很不得體，拿著一袋食物出餐廳也不好看。

做你自己。從面試進公司後的每一天，都不要忘記勇敢表現自己。當初你能得到這份工作，正是因為公司覺得你很適合。或許現在的工作不是你的理想工作，但也請全力以赴，表現出你最好的儀態，說不定意想不到的機遇隨之而來。

約會儀態

各位有儀態的單身女士們，我有個好消息要分享：只要持續培養儀態，就會吸引與你擁有相似價值觀的優質對象！打扮漂亮、舉止優雅，無時無刻散發出格調的人，絕對是眾人的目光焦點，而你優雅出眾的舉止，則會讓某些不合適的追求者自動退避三舍。女人都喜歡誠實善良、正直體貼的男人。擁有相同的價值觀，能夠與我們「同步」的人，才是我們的理想對象。

有人說，約會中的男女只不過是先擺出自己最好的一面，等到熱戀期一過，「本性」就會暴露出來。這個理論不盡其實，你在約會階段根本不必隱藏「本性」，因為優雅動人的儀態早就化入你的本性了。我雖然不是什麼約會專家，但是我嫁給了一位出色的男士，而且結婚近十年來，婚姻生活一直很幸福。以下是我對於約會儀態的一些淺見。

展現真實的自我。不要為了討好對方而有所隱瞞或假裝。

選擇性感但不失品味的穿著。穿起來漂亮又自在的衣服，是最好的選擇。你想要吸引他的注意，但不是注意你的乳溝，所以沒必要賣弄性感。你的智慧和自然美是最棒的魅力。

討論有趣的話題，像是你喜歡的書、電影和旅遊地點。看看你們彼此有沒有共通的興趣。

絕不勉強自己做任何感覺不自在的事情。

如果對方堅持付帳，請客氣地接受他的好意，下次再找機會請回來，例如下個禮拜請他吃頓午餐，或是自己做一些吃的送他。

第一次約會請保持神祕感。你並不需要和盤托出自己的戀愛史，或是被上一任男友拋棄的原因。這些事情可以往後再交代，第一次約會應該保持愉快的氣氛。

第一次約會難免緊張，但請千萬別喝醉！別喪失理智，注意別喝超過你的酒量。

盡量不要在網路上或透過簡訊抒發你的約會感想。在社交媒體上，也應維持對人的基本尊重，審慎分享新對象的事情。

別心急，慢慢來。就像品嘗一道美味的大餐，先好好享受浪漫的氣氛，隨遇而安。交往初期的摸索，最有意思了！

喜歡就要讓對方知道。何必玩欲擒故縱的把戲呢？像你這樣有著迷人儀態的女士，他一定很高興獲得你的青睞。

小費指南

在美國到餐廳消費，一般來說要給的小費是帳單金額的15％到20％。我習慣給20％（這可是服務生的重要所得），再說我覺得計算20％總比計算15％簡單多了。許多餐廳會幫你算好服務費，沒有的話也無須緊張。要是對自己的心算沒自信，手機上的計算機總能派上用場（拿出手機後請別「順便」查看新收到的電子郵件啊）。我列出了現下各種情況適用的小費標準，僅供各位參考。

- 服務生：服務一般的話，帳單金額的15％；服務特別好的話，則給20％
- 侍酒師：該瓶酒費的15％
- 酒保：全部酒費的15～20％；或每一份含酒精飲料至少給一美元

• 食物外送：帳單金額的10%
• 衣帽室服務員：每件外套給一美元
• 泊車：車子開來的時候給二美元
• 盥洗室服務員：一美元
• 計程車司機：車資的15～20%
• 飯店行李員：至少兩美元，或依俗例一個袋子一美元
• 飯店清潔人員：每晚給二到五美元
• 飯店門僮：一個袋子一美元；如果是幫忙叫計程車，一人給一美元
• 髮型師：服務項目金額的15～20%（不含另外購買的美髮產品）
• 洗頭助理：二美元
• 美甲師、按摩師或美容師：服務項目金額的15～20%

出國旅遊的失禮之舉

出國旅遊之前，最好事先研究一下當地的風俗，以免到了人家的地盤做出沒禮貌的舉動。行前研究並不能保證你絕對不會因為文化差異而做出冒犯的行為，但多瞭解一下總是好的。在這件事情上，我有切身之痛。我出國旅遊那麼多次，因為無知而出糗的黑歷史真是一言難盡。比如在斯里蘭卡穿著坦克背心去參觀寺廟，結果得借披肩蓋住裸露的肩膀才能進去。在法國到餐廳吃飯，不知道法國人覺得把手放在餐桌底下很沒禮貌，而是雙手應該全程放在桌上看得到的地方，才不會顯得沒規矩。第一次去英國鄉下拜訪外子的家人，我像在加州那樣一進門就脫鞋，然後才窘然發現只有我光著腳丫走來走去。在西班牙的藥局伸手想拿架子上的商品，卻被店員大聲斥罵，因為必須由店員拿才行……還想聽我說下去嗎？顯然無知害我吃了不少苦頭啊。且聽我一句忠言，被人糾正的時候別羞怒，到了人家的地盤，自然該入境隨俗。如果你不喜歡他們的規矩，往好的地方想，你可以慶幸自己不住在那裡！

搭機禮儀

搭飛機是一件挺累人的事，懂得搭機禮儀，可以讓你的行程順暢一些：

- 用心打扮。別像機場航站那些彷彿穿著睡衣亂晃的旅客。選擇剪裁寬鬆、布料柔軟的衣服，時髦也可兼顧舒適。說不定出眾的品味可以幫你贏得機艙升等的機會。
- 為安檢做好準備。按照飛航規定與流程，做好所有準備（準備脫下鞋子與皮帶，把電腦放到海關提供的托盤裡，清空衣服口袋內的物品，丟掉任何不允許的液體），加快檢查速度。
- 別挾帶超過登機箱尺寸的行李上飛機，硬塞到頭頂置物艙內。
- 和鄰座的乘客打招呼，客氣聊個幾句，但別喋喋不休，佔用人家一整趟飛行的時間。
- 要把椅背放倒前，注意會不會妨礙到後座的旅客。如果對方正把托盤放下來用餐，千萬不要把你的椅背放倒。

- 不要獨佔扶手。把扶手留給中間座位的人，是基本的禮節。
- 與人共乘，千萬不要擦味道強烈的香水，免得其他乘客聞著噁心。
- 下飛機時，禮讓前方所有乘客先行。
- 保持耐心。搭飛機難免遇到延誤，這時請深呼吸，記住有些事情不受人力控制。保持你的風度，即使其他人都開始不耐煩對航空公司的人大發脾氣，也別跟著心浮氣躁。

大眾運輸工具搭乘禮儀

搭手扶梯時，請站在右側，或是從左側通行。

進車廂時，先禮讓要出來的乘客。

讓位給年長者、行動不便人士或孕婦。

不要大聲講手機。與其他乘客說話時，也請輕聲細語，切勿說髒話。

絕對不要把腳放在椅子上。
絕對不要在公眾場合梳妝，包括梳頭髮、剪指甲和化妝等等。
不要把包包放在空的位子上，佔著位子不讓別的乘客入座。
請把車票或車資放在隨手可得的地方。
搭車時不要吃東西。
想打噴嚏時，請用自己的手臂或手帕壓住，注意別噴到別人身上。
別在有人要下車時擋住車門。請先站開，等人下完後，再挪回去。

在這個只講速度不講禮貌的年代，你的儀態更顯珍貴。請堅守你的信念，不要動搖，雖然有時候這並不容易。

Lesson
10

金玉其內

NOT JUST A PRETTY FACE

修行到這裡，我們已經能夠保持儀容美麗、舉止迷人、言談優雅（大部分時間如此），並且精於餐桌禮儀，甚至還營造了一個適合落實生活儀態的居家環境。現在，我們該精益求精，晉級到下一個階段了。我們並不是虛有其表，徒有漂亮的臉蛋和時髦的衣服，光會裝模作樣裝客氣，只懂得怎麼做家事怎麼吃飯。為了兼顧內在的時尚，我們還要培養智慧、轉換觀念，並且助人為樂。

培養你的智慧

整個社會邁向弱智化，要逆流而上並非易事。流行文化的影響力是如此深遠。沒什麼內容的實境秀節目當道，把一些價值觀念偏差、行為膚淺、脾氣暴躁的人捧為明星。主流電影充斥著低俗的幽默，要不就是沒完沒了的爆破場景。流行音樂的歌詞極盡低俗下流，娛樂新聞報導的不是名人的才華，而是他們誇張的行徑。身處在這樣一個崇尚低俗的文化之中，要怎麼不被催眠同化呢？說真的，我自己也覺得難以抵擋。

培養智慧的第一步，是慎選你的閱聽內容。這並不代表你得忍痛拒看大家都在討論的暑期賣座大片，而是不妨偶爾換個口味，去獨立戲院觀賞一些評價不錯的外國電影。同樣地，你還是能照看實境秀，但除此之外也請找些更有內容的節目來充實自己。至於流行音樂，你可能得多花一點心思，才能找出歌詞優美而非髒字連篇的音樂。別灰心，還是有一些清流音樂家值得我們細心挖掘。

求學時代你可能迷戀過某位音樂家、藝術家或作家，但隨著出社會忙於工作、婚姻、房貸和孩子的事情，漸漸遺忘了當初的熱情。現在開始重拾往日的情懷吧！找個你有興趣的新主題，例如藝術、政治、歷史，或是英國二次世界大戰的小說；學一門新的手藝，像是編織或彈奏樂器；回頭再上一次久違的法文課；閱讀你早就想拜讀的狄更斯小說，或是參加就近的莎士比亞戲劇節；研究蕭邦的作品，閱讀他的生平並賞聽他的音樂！

這是形於內的時尚與儀態。陶冶你生活的所有層面，受益的不將只是你個人的心靈，身邊的人也會受到啟發。下一次你與朋友聚會，又有更多能聊的話題，而且他們會因為你的緣故，回憶起自己曾經對某件事物的一腔熱血，重溫那時的感動。

如果你年紀尚輕，正沉迷於某件事物，那麼請永遠別放棄這股學習的熱情。找到你感興趣的領域，窮盡一生去鑽研它吧！研究俄式建築、練習彈鋼琴、高調支持你熱愛的音樂家……滋養你的心智，你的儀態也會更顯雍容，你不僅僅是金玉其外，而是內外兼修。

滋養心智的資源

• www.kusc.org：Classical KUSC是由聽眾資助的古典音樂頻道，在廣播和網路上皆可收聽。除了歌劇、交響樂之外，還有其他豐富的音樂節目，是古典音樂迷不可錯過的絕佳資源。

• www.npr.org：全國公共廣播電台（NPR）網站上面的「藝術與生活」（Arts & Life）部分非常值得一看，裡面網羅了書籍、電影、流行文化、美食、藝術、設計、表演藝術和攝影等主題的深度探討。

• www.getty.edu：蓋蒂博物館（Getty Museum）網站設立了一個虛擬的線上圖書館，可供人免費閱覽及下載博物館出版物。

• www.ted.com和tedxtalks.ted.com：TED和TEDx演講總是有令人耳目一新、值得推廣的新觀念。不論是什麼樣的主題，你都能到這裡找到各界活躍人士發表的有趣演講，內容資訊充實且發人深省。

• iTunes U：上iTunes U就能免費聆聽全球頂尖知名大學的課程。

從電視節目學儀態

- 《虛飾外表》：本劇女主角海欣．巴克特看不慣她家人邋遢懶散的樣子，努力擺脫她的出身，夢想成為優雅有儀態、人人豔羨的上流人士，但奮鬥過程中糗態百出，精彩滑稽的笑料堪稱電視史上的經典傳奇。
- 《女作家與謀殺案》（Murder, She Wrote）：如果你也是懸疑推理迷，一定也會欣賞劇中女主角潔西卡．弗萊徹（Jessica Fletcher）撥開重重迷霧的迷人身姿。服裝儀容總是得體合宜，行動間一派優雅從容的弗萊徹太太，屢屢以智慧破解一樁又一樁的案件。
- 《雪松灣》（Cedar Cove）：這是Hallmark頻道推出的精緻影集，劇中由安蒂．麥道威爾（Andie MacDowell）飾演的奧莉維亞．洛克哈特，完美體現了優雅有儀態的現代女性風姿。
- 《唐頓莊園》：真心推薦這齣風靡全球的連續劇！唐頓莊園樓上的主人和樓下的僕人，各有其令人折服的佼佼儀態。
- 《我愛露茜》（I Love Lucy）：劇中女主角露茜．里卡多 簡直是麻煩的化身，生活中風波不斷，不過她惹麻煩的樣子還是很有格調。雖然露茜老是被人取笑，但她的品味無庸置疑。

- 《白羅探案》（Agatha Christie's Poirot）：大衛・蘇歇（David Suchet）演活了克莉絲蒂筆下最知名的人物——白羅探長。這位比利時偵探雖然有些滑稽之處，但不可諱言他非常講究儀態。
- 《馬普和露西亞女王之戰》（Mapp & Lucia）：這齣經典的禮俗喜劇在一九九五年改編成電視劇，在二〇一四年再度翻拍。為了晉身當地小鎮的上流階層，劇中兩位儀態萬千的女主角馬普和露西亞爭鋒相對，各出奇招，十分精彩。

從電影學儀態

- 《愛麗絲夢遊仙境》（一九五一年）：在這部迪士尼經典動畫中，愛麗絲追逐白兔先生、被花床羞辱、智取紅心皇后之際，仍不忘保持禮貌和儀態。
- 《窈窕淑女》（一九六四年）：劇中女主角伊萊莎神奇的大變身，

證明了一個人不論有什麼樣的出身，都能夠培養出儀態來。

- 《金粉世界》（一九五八年）：在這個典型的成長故事中，女主角琪琪從一個調皮活潑的女孩變成一位優雅的淑女。
- 《禮帽》（Top Hat）（一九三五年）：在這部陰錯陽差，烏龍不斷的愛情故事中，最令人難忘的是佛雷．亞斯坦和琴吉．羅傑斯的優雅舞姿！這對螢幕情侶的儀態之優美，實在令人心生嚮往。
- 《捉賊記》（To Catch a Thief）（一九五五年）：在這部希區考克懸疑電影中，我們可以見識到金盆洗手的黑貓大盜如何在舉止間散發出迷人的格調。葛麗絲．凱莉和卡萊．葛倫優雅的儀態，在法國蔚藍海岸優美的風景襯托之下更顯風華。

為自己做的每一件事感到自豪

或許你現在的人生不盡理想，但如果你認真想要培養儀態，那就必須改變觀念：請為自己做的每一件事感到自豪。打掃房子、填工作表格、燙衣服、服務在打烊前進店的客人、洗刷廚房裡的鍋子、自願加入社區的春季園遊會籌備小組……不管做什麼，都請把它當作一件值得驕傲的事情，全心全意做好它。「時尚夫人」做每一件事都很認真，從來不抱怨嫌棄。我根本看不出來她喜歡什麼、討厭什麼，因為她都是一樣的全神貫注。

當然啦，你可能夢想著拍電影當明星，現在做服務生只是權宜之計，但這並不代表你可以用敷衍的心態來做一份暫時性的工作。我們應該心懷感激，感恩自己能有一份生計，然後全力以赴，尊重自己的職業。任何經驗都是珍貴的。有儀態的人之所以出色，是因為他們懂得把每一件事做到最好，而這就足以吸引旁人的關注，帶來種種意想不到的機運。

街拍名人史考特．舒曼（Scott Schuman）在 The Sartorialist 網誌上面一篇二〇〇九年發表的文章中，詳細描述了一位舊金山的司機：

這次書展我認識了一些有趣的人，尤其是我在舊金山的司機。

這位司機舉止優雅，對自己的工作充滿自信與驕傲。我特別欣賞對自己工作引以為傲的人，不管是什麼樣的職業。

他的車子乾淨無瑕，鞋子擦得亮鋥鋥，對每一個目的地瞭若指掌。他並不是為了我而特意打扮的，他壓根不知道我是做什麼的。對他而言，這僅僅是另一趟普通的接送工作，而他一貫的格調就是如此。

這次邂逅給我留下了深刻的印象，我曾多次與人提及，最近才將之收錄到我的新書前言之中。雖然這個部落格談的是時尚，但看著這張照片，我想的不僅僅是時尚，而是他表現出來的自豪與自我價值；他是真正的型男，他的時尚不在於昂貴的衣物，而在於他穿衣服的方式，他端正的姿勢和彬彬有禮的風度。

雖然不知道故事中的這位司機是真正熱愛他的工作抑或另有抱負，但可以肯定的是，他很尊重自己的專業，所以他拿出自己最好一面（包括儀容和工作態度）。有儀態的人勇於面對現實。不切實際於事無補。如果說你每天必須在睡前把廚房清乾淨，這世上不會有小精靈蹦出來代勞，與其不得已而為之，不如讓自己做的事情值得驕傲。請拿出你的品味，以正面的心態用心做好每件事。你將發現自己的精神更集中，更容易知足且更能領略生活中的小確幸。

不要過度期望

無所期望的人是有福的，
沒有期望，就永遠不會失望。

——亞歷山大．波普（Alexander Pope）

你是完美主義者嗎？你不習慣事情脫出掌控嗎？你常常覺得失望嗎？在我們培養儀態之際，還要懂得克制過多的期望。有儀態的人能夠應付任何突發狀況，即使事情發展不如預期，他們還是能隨機應變，相信生命中每一件事之所以發生，自有其意義。

受邀去紐約為TEDx演講我的十件精品衣櫥理念時，我的興奮之情溢於言表。成為TEDx演講人簡直是美夢成真，難以令人置信！我毫不猶豫地接受了邀請，一敲定演講事宜便興沖沖訂了出發的機票以及住宿飯店。

看過網路上那麼多場TED演講，我難免對自己參加的這一場充滿期望。我想像自己將站在配備先進音響系統的豪華舞台上，面前是滿滿的觀眾席，背後是閃閃發光的偉大TEDx標誌。

演講的前一日，我從飯店搭車前往史坦頓島參加排演。看到場地時我愣住了。那絕非什麼豪華戲院，而是一個酒吧。沒錯，就是一個酒吧，而且是那種大學酒吧：黑色的地板、牆壁和天花板，廁所貼滿保險桿貼紙，走廊有飛鏢盤。呃，這跟我想像的超出十萬八千里。不過，舞台雖小，看起來還不錯，上面架設了專業的舞台燈，可能上禮拜有樂隊在這裡表演過吧。台下還有一個小房間，可以充作休息室。好吧，雖不完美，但還算可以接受。我暫時放下我的偏見，準備好好觀察排演的狀況。可是，離排演預定開始的時間已經過去一個小時，活動主辦方依然渺無音訊。演講者們開始互相攀談打發時間，似乎沒什麼人在意排演的安排那麼隨便。我忍不住覺得失望，這完全不是我預期中的盛會。我一頭霧水，滿腹疑問無人解答。

主辦方人員到場後，我攔住了其中一人發問，第一個問題是隔天的演講順序。他回答了我的幾個問題，卻答不出我的演講究竟是上午還是下午的場次。當晚我只能鬱悶地返回飯店休息。

沒想到，船到橋頭自然直，隔天的演講非常成功。當然啦，場地還是不怎麼樣，可是演講的內容非常精彩，不乏振奮人心的觀點和感人的表演。我很榮幸能成為其中一分子。更棒的是，我得到一個珍貴的教訓，那就是我不應該過度期望。不論如何，我完成了我人生中最棒的一場演講，就算場地不夠高級，舞台不怎麼大又如何？主辦方的活動設計不如我想像，那並非重點，重點是我用心完成了一場對觀眾有意義的演講，這才是我此行最大的收穫。

處境不如預期，別人不配合你，面對種種不如人意的狀況，請別急著灰心。先想想事情為什麼會變成這樣，你能不能從中學到什麼經驗，然後試著改變自己的想法。我想像中的演講是TED規模的大成本大製作，不過TEDx地方性的小成本製作也有其可愛之處。那一天的演講讓我學會放下完美主義，體會幫助、鼓勵別人的成就感。即使站在垃圾場之中，也不影響我成功傳達我的觀念。總而言之，面對差強人意的狀況，先別急著下定論或避之唯恐不及。你可以成為別人的燈塔。放下過多的期望，一件事再怎麼令你看不順眼，**它之所以發生在你的人生中，絕非偶然**。只要你能這麼想，就不會覺得自己徒然浪費時間，因為任何事情你都能從中汲取到難得的經驗。

為別人著想

我們往往只想著自己：**我**想要什麼，**我**需要什麼，**我**要去哪裡，**我**想做什麼。有儀態的人懂得施比受更有福的道理，「時尚夫人」就常常去教堂做志工，幫助人儼然是她生活中不可或缺的一部分。

試著參加一個幫助別人的社團或組織吧！貢獻你的時間和資

源，讓更多人感受到世界變得更美好。當你的生活一成不變或陷入低潮，不妨換個環境，去幫助有需要的人。不求回報的付出，才是行善的真諦。再怎麼微不足道的順手之勞，都是大大的善舉。施比受更令人快樂，正如同聆聽有時候比傾訴更令人滿足。幫助別人也能提升我們的儀態，因為我們可以暫時拋開自己的問題，進入別人的世界，擴大自己的視野。

想要有出眾的儀態，光是外在的儀容和行為得體還不足夠，更重要的是內在人格的修養，而這靠的是磨練自己的心智、對自己做的每一件事感到自豪，還有無私地幫助別人。隨著我們的修養越來越深，我們越能感悟到生活中每一件事情的意義。培養內在的時尚，你將會由內而外煥發出無與倫比的美麗。

Lesson
10

儀態與其他

POISE AND LES AUTRES

如果你自認是開明之人，請花一個禮拜的時間陪伴你的家人。

——拉姆．達斯（Ram Dass）

我們可以在家裡舒舒服服的培養儀態，家就像一個安全的避風港，能夠隔開外界的誘惑。我們在家裡做得了主，但是在外面呢？面對同事、親戚、陌生人、鄰居等外人，你也能維持儀態嗎？我們必須做好準備，不管外人用什麼態度對待我們，都不能失去從容有禮的風度。知易行難，但只要從觀念開始養成儀態，就不會是癡人說夢了。

L'enfer, C'est les Autres 何解？

法國哲學家尚－保羅．沙特（Jean-Paul Sartre）的劇作《沒有出路》（No Exit）中有一句名言「L'enfer, c'est les autres」，翻譯成中文是「他人即是地獄」。回想從前，我不由得心有戚戚焉。說實在的，與人相處真的很麻煩啊！每當我與人發生摩擦，不管對象是我最親密的先生或是從未見過的陌生人，我總是忍不住偷偷在心裡罵一句「L'enfer, c'est les autres」！我一直把這些人際相處摩擦帶來的「小地獄」，怪到別人身上。不過，現在我知道沙特所說的地獄並不是別人造成的，而是我們自己內心所起的念頭。懂得這個道理後，我不再讓別人的行為影響我的心情。

有儀態的人能夠為自己的行為負責，不會為自己找藉口，或是把自己的不快樂怪罪到別人身上。有時候，只要稍微換個念頭就能海闊天空。

換個角度想

只要你不是離群索居，難免會對你的另一半、室友或鄰居的某些行為感到困擾。這一點都不奇怪，就連你的小孩你也會覺得煩。摩擦的原因太多了，可能是因為錢的事情和先生鬧不愉快，同事老是偷吃你放在辦公室冰箱的三明治（就連在上面寫名字也沒用），叫小孩洗澡叫不聽……凡此種種都會引發我們的不快。這樣的小摩擦發生一件兩件，我們還不至於立刻生氣，可是日積月累下來的負能量就很可觀了，早晚會讓人情緒爆發。

每當你覺得自己有理由生氣的時候，請先試著換個角度想。這段停下來思考的時間除了能阻止自己衝動行事，還能用來反省自己有沒有小題大作，然後想清楚怎麼做最好。最重要的是，你的情緒可以趁機平靜下來；永遠保持冷靜，正是我們培養儀態的目標之一。

更多正向觀念

我的大女兒有一段時間每天早上醒來一定會哭鬧。我猜她是不高興但又不會說，所以只好用哭鬧來表達不滿。早上六點鐘，全家人正在熟睡，女兒房間冷不防傳出擾人清夢的哭號聲，我只好起床去安撫她。老是這樣被嚇醒，我其實比她更想哭，分不清誰比誰更挫折。一直坐在她的小床邊哄她也不是辦法，後來我靈機一動，不如教她如何轉換心情。我告訴她：「你知道嗎？起床不一定要哭，早上醒來可以很開心。」我這麼一說，就看到這位三歲的小祖宗小臉一亮（這可能是她人生中第一個醍醐灌頂的時刻）。她好奇地重複我的話：「不一定要哭嗎？」我微笑回答：「對。你早上醒來，可以選擇高高興興的。想上廁所就去上，想喝水就拿床頭櫃上面的水來喝，想玩娃娃就去玩。如果想跟爸爸媽媽說話，那就到我們房間來。再不然，你可以繼續躺在床上，想想今天要做什麼。你可以想你的朋友，也可以禱告。你可以開開心心！」

我的話似乎發生了作用，她這才發現早上起床可以很好玩，以後醒來再也不哭鬧尖叫了，之後甚至睡得更多。很神奇吧！改變想法可以創造如此神奇的效果，就像開啟一個未知的新世界。

旁人缺乏儀態

這本書所說的儀態，不論你是行之有年還是初窺堂奧，相信讀完這本書後，你會開始注意到別人缺乏儀態的地方。這個發現有好有壞，端看你怎麼想。或許你會覺得眾人皆醉你獨醒，很多事情難以忍耐。

參加孩子的聖誕公演，其他家長在自家小孩的戲分一結束就大聲聊天，而你的小孩才剛要上場，你只能生悶氣。客人上門，不先打個招呼就大聲問問題，有點討厭。每天早上在樓梯間遇到的鄰居總是對你視若無睹，感覺很差。那個女人竟然穿睡衣去郵局，公車上那個男人身上T恤的圖案也太冒犯人了，真令人看不慣。用負面的角度來批評、看不起別人，絕非我們追求儀態的用意。相反地，與缺乏儀態的人相處時，我們更應該發揮耐心，謙虛有禮。這並不是說我們要一味忍讓，而是要懂得換個角度，試著感化對方：別人在看表演的時候喧嘩，你可以請他們安靜；面對沒禮貌的客人，你可以先友善的問候對方，再回答他的問題；鄰居不抬頭看你，你還是可以道聲「早安」。與其覺得別人不可理喻，不如這麼想：**你是被需要的。你的行為可以照亮別人。不管他們有沒有發覺，他們是你的觀眾，你有機會讓他們模仿你的好儀態。**

很多人因為身邊從來沒有好的榜樣，並不知道自己的行為不妥，而你可以成為他們的明燈。或許你的付出看不到收穫，也不知道究竟有沒有人受到影響，這都沒關係。只要有一個人因為你而獲得啟發，開始學習經營生活，你的努力就有意義。所以說，曲高和寡不一定是壞事，這反而是你幫助人的好機會。在這個不講究儀態的時代，我們更需要以身作則，肩負傳承的重任。

慎選朋友

與智慧人同行的必得智慧，
和愚昧人做伴的必受虧損。

——聖經箴言 13:20

隨著你的儀態日益成熟，你與朋友之間的關係也會產生變化，可能是朋友對你的態度變了，也可能是你發覺他們身上的違和之處。請不要因為某個朋友不培養儀態，就跟她斷交，我們不必那麼矯枉過正。不過，我倒是鼓勵大家多去認識志同道合的新朋友，如果對方同樣重視儀態，而且在培養儀態的道路上與你擁有相同的價值觀和熱情，多個人切磋絕對是好事。

踏上儀態養成之旅，找到目標和興趣相近的朋友，結伴同行能夠讓快樂加倍。

我開始寫部落格之後最開心的一件事，就是吸引了一群努力將日子過得更優雅的女人。有很多女性網友告訴我，她們想找能夠交流的同伴，只能在我的「生活行家」部落格上找到！何必再苦苦孤軍奮戰呢？快去尋找同伴吧！至於你身邊的朋友要是對儀態沒興趣，除非人格真的有問題，否則不必疏遠他們。所謂近朱者赤，這或許就是你與他們有緣的原因。

逆境

住在巴黎的那段日子，我沉浸在新世界之中，受到四周環境氣氛影響，我培養起儀態不費吹灰之力。那真是一段美好時光！與朋友在咖啡館閒坐，一點煩心事都沒有，我可以從容優雅的擺出漂亮的姿勢。我最大的煩惱不過是該去香榭麗舍大道散步，還是該去杜麗樂花園逛逛；過著這樣的生活，要保持氣定神閒實在太容易了。當時的我心情總是樂觀，畢竟每天除了要花一兩個小時做功課，其他時間都很輕鬆自由，沒什麼壓力。

但若是身處逆境呢？出社會之後，現實生活的壓力迎面而來：連續值班七個小時已經很累了，偏偏又來一個難纏的客人；房租到期卻生不出錢來繳；為了孩子的教養問題和先生爭論不休；小孩進入叛逆期，總是在挑戰你的容忍度；上下班單程就要花上一個小時，苦不堪言……在這麼不順遂的情況下，談儀態是不是太不切實際了？錯了，正好相反，越是辛苦，儀態愈顯得重要。見微知著，要知道一個人過什麼樣的生活，看他的家就知道了。要判斷一個人的儀態是浮於表面還是內化於心，就看他能不能在逆境中堅持下去。痛苦的時候，看似無用的儀態，往往是最先被捨棄的東西。你可能和先生吵架說出難聽的話，理智斷線發火罵小孩、通勤路上心浮氣躁……你覺得生活沒什麼希望，一切都那麼糟糕，儀態有什麼用？

面對困難，你就快要失去儀態的時候，請先停下一切動作，做個深呼吸，別急著說話。這時候保持沉默是很有用的。放鬆你的牙關，把頭抬高，別讓自己陷入絕望。你能夠而且將會撐過這段陣痛期，雨過終將天晴。真正的考驗不在於你遇到的事情，而在於你選擇如何應對。

相信困難總會過去，還不算是通過考驗，有儀態的人會把逆境當作生命中的養分。「塞翁失馬，焉知非福」，換個角度想，我們應該對這些磨難心懷感激。一次次的歷練，只是讓你變得更強，心智更堅定。感謝那些難纏的人，讓我們學會包容，學會不為所動。感謝那些錯過的工作機會和拋棄你的人，沒想到因禍得福，後面還有更好的等著你。樂觀迎戰每一道難關，從中汲取經驗與教訓，你可以磨練出更堅毅的品格與儀態。別誤會，這些困難並不會因為我們轉念而變得簡單，**pas du tout**。但只要我們堅持儀態，就會像經過琢磨的玉石，更加堅韌且耀眼。

順境

終於來到壓軸了！在順境之中培養儀態不僅易如反掌，而且能收錦上添花之效，樂趣更加無窮。當你身邊都是合得來的人、事事順心，日子過得有滋有味的時候，心滿意足之下便能行有餘力追求更高深的儀態。企畫案被選上、獲得升遷、美好的第一次約會、慶祝意義重大的周年慶、贏得寫作比賽、資金通過申請、看到孩子們在後院跳舞歡笑……在這些令人飄飄然的時刻裡，最重要的就是記得心懷感恩與謙虛。有儀態的人不會視幸福為理所當然，更不會炫耀自己的富足。

人生得意須盡歡，在順境中請好好珍惜當下，盡情享受，畢竟人生高低起伏時有不定，多思無益。眼前的日子、人際關係甚至我們的生命，旦夕禍福難以預料，我們只能順勢而為，得之我幸，不得我命。不要稍有不順便讓自己的心情隨之跌宕起伏，揣揣不安。有儀態的人深知人生曲折難免，順境逆境都是有趣的體驗，他們坦然接受命運的挑戰。

儀態乃生活之道

本書到了結尾，但我們的儀態養成之路才正要展開，遠遠還沒到終點。不論你是新手或識途老馬，只要盡其所能天天以最好的儀態過日子，從早到晚不鬆懈，你就會感受到儀態帶來的諸多好處。請堅定你的心智，時時磨練你的儀態技能，用心修飾自己的儀容，以優雅的風度應對人生的風雨，不因任何人事物而動搖。

你可能是家裡唯一講求姿勢端正的人。你的朋友之中只有你不講髒話。你的街坊鄰居沒有人像你一樣天天儀容整潔。一個人默默堅持儀態，似乎只是徒然浪費時間。**但是，請千萬不要放棄。**請在黑暗中點亮一盞明燈。光是你一個人，就可能為無數人帶來改變的希望，影響更多人渴望變得更好。心智不堅的人，會因為嚮往你的生活方式而獲得勇氣。你對生活的熱情、對儀態的堅持，這些珍貴的特質在在能吸引別人追隨。不必給自己壓力要做到最好，只求無愧於心。**你是重要的，**請為你的觀眾，全心全意努力下去。

追求儀態，本就是一種美好的生活之道。雖然難，但是沿途將有美麗的風景，日子絕對不沉悶無聊，每一天的每一刻都充滿挑戰。你會停下來想想該怎麼妥善處理每一件事情，永遠不妥協將就。你將會經歷許多失敗，而且永遠不可能完美，但是這樣的日子過起來才充實。你的努力絕對不是徒勞。

請不要受外界影響而心生頹唐，黑暗中我們更應該振聾發聵，發光發熱。一開始成為眾人注目的焦點，可能會令你覺得不自在，也或許得不到別人的理解和認同，可是我相信，一定會有人受到感動。哪怕只有一個人加入我們的行列，我們的堅持就有意義。坐而言不如起而行，快捲起袖子一起埋頭苦幹，準備好培養儀態，改變自己的人生吧！**窮一人之力，足以改變整個世界。**

致謝 *Acknowledgments*

在此對我的經紀人 Eric Silverman 和我的編輯 Trish Todd 致上最深的謝意，感謝你們的友情陪伴和信任，我很幸運能與你們合作，我們是時尚團隊！感謝三叉戟媒體集團（Trident Media Group）及出版社賽門與舒斯特（Simon & Schuster）的頂尖團隊，尤其是 Lauren Paverman、Meredith Miller、Tara Carberry、Kaitlin Olson、Jackie Seow 和 Jonathan Karp。感謝 Virginia Johnson 貢獻原文版中超級時尚的插圖。我還要誠心感謝我的部落格（The Daily Connoisseur）的眾多讀者，以及全世界的「時尚夫人」迷。謝謝我的朋友，總是帶給我活力。謝謝我的家人，一路給我支持與鼓勵。最後還有我最感謝的先生和女兒，班、艾拉貝拉和喬吉娜，你們是我的靈感泉源，我愛你們。

關於作者 *About the Author*

珍妮佛・斯科特是《紐約時報》暢銷書《向巴黎夫人學品味》和《向巴黎夫人學居家》的作者，同時也是人氣部落格「生活行家」（The Daily Connoisseur）的版主。她還是 Huffington Post Style 網站的特約撰稿人，並且曾上過 CNN、BBC 和 CBS 新聞等電視媒體以及《紐約時報》、《浮華世界》、《今日美國報》、《新聞周刊》和《每日郵報》等平面媒體的報導。她與家人住在美國加州洛杉磯市。

網站：www.jenniferlscott.com
臉書：www.facebook.com/JenniferLScottAuthor
推特：JL_Scott
YouTube：The Daily Connoisseur

Polish Your Poise with

MADAME CHIC

向巴黎夫人學風姿

Madame Chic的 11 堂優雅生活課

國家圖書館出版品預行編目 (CIP) 資料

向巴黎夫人學風姿：Madame Chic 的 11 堂優雅生活課 / 珍妮佛．斯科特 (Jennifer L. Scott) 作；喬喻譯．-- 初版．-- 臺北市：積木文化出版：家庭傳媒城邦分公司發行，民 105.09
面； 公分
譯自：Polish your poise with Madame Chic : lessons in everyday elegance
ISBN 978-986-459-056-8(平裝)
1. 時尚 2. 生活指導 3. 法國巴黎

541.85　　105016988

原 書 名／POLISH YOUR POISE WITH MADAME CHIC: LESSON IN EVERYDAY ELEGANCE
作　　者／珍妮佛．斯科特（Jennifer L. Scott）
譯　　者／喬喻
特約編輯／劉綺文

總 編 輯／王秀婷
責任編輯／向艷宇
美術編輯／張倚禎
行銷業務／黃明雪、林佳穎
版　　權／徐昉驊

發 行 人／凃玉雲
出　　版／積木文化
104 台北市民生東路二段 141 號 5 樓
官方部落格：cubepress.com.tw
電話：(02)2500-7696 ｜ 傳真：(02)2500-1953
讀者服務信箱：service_cube@hmg.com.tw

發　　行／英屬蓋曼群島商家庭傳媒股份有限公司城邦分公司
台北市民生東路二段 141 號 11 樓
讀者服務專線：(02)25007718-9 ｜ 24 小時傳真專線：(02)25001990-1
服務時間：週一至週五 09:30-12:00、13:30-17:00
郵撥：19863813 ｜ 戶名：書虫股份有限公司
城邦讀書花園網路書店：www.cite.com.tw

香港發行所／城邦（香港）出版集團有限公司
香港灣仔駱克道 193 號東超商業中心 1 樓
電話：852-25086231 ｜ 傳真：852-25789337

馬新發行所／城邦（馬新）出版集團
Cite (M) Sdn Bhd
41, Jalan Radin Anum, Bandar Baru Sri Petaling,
57000 Kuala Lumpur, Malaysia.
電話：603- 90563833 ｜ 傳真：603- 90566622

美術設計／曲文瑩
製版印刷／中原造像股份有限公司

城邦讀書花園
www.cite.com.tw

ISBN：978-986-459-056-8 ｜ 定價：300 元
2016 年 9 月 初版一刷
2020 年 11 月 初版四刷

First published by Simon & Schuster in October 2015

Published by agreement with Trident Media Group, LLC, through The Grayhawk Agency.